C'EST FINI J'ARRÊTE !

Titre original anglais : *Ready*
Publié pour la première fois par Shambhala Pubications, Inc.

Maquette : Kate Huber-Parker.

ISBN : 978-2-7029-2656-7
Traduit de l'anglais par Naomi Defays.

www.editionstredaniel.com
info@guytredaniel.fr
www.facebook.com/editions.tredaniel
@tredaniel_bienvivre

DAVID RICHO

C'EST FINI J'ARRÊTE !

Pouvoir tourner la page en amour, en amitié, au travail… et passer à autre chose

LE COURRIER
DU LIVRE

27, rue des Grands-Augustins
75006 Paris

Ils ont aimé

« *C'est fini, j'arrête !* est l'antidote à l'un des dilemmes les plus courants de l'existence humaine : savoir si le moment est venu de rester ou de partir. Laissez ce guide vous accompagner dans l'écoute de vos besoins, et vous donner le courage d'amorcer les changements tant attendus. »
— Amanda Gilbert, autrice de *Kindness Now*

« *C'est fini, j'arrête !* nous explique qu'on ne prend pas une décision importante en dressant une liste de pour et de contre, en consultant des spécialistes ou en renforçant sa volonté. Le plus important est de vous connaître, de vivre pleinement chaque moment, et de laisser le monde s'adresser à vous dans son infinie sagesse (à laquelle la vôtre est liée). Si vous cherchez à prendre des décisions fiables, cet ouvrage est fait pour vous. »
— Susan Piver, autrice de *The Four Noble Truths of Love*

« *C'est fini, j'arrête !* est un guide remarquablement clair, qui nous apprend à naviguer entre nos peurs, nos doutes, nos regrets et nos peines, pour avoir confiance en ces décisions qui nous engagent et les prendre au moment parfait. Tel un ami sage et bienveillant, David Richo nous épaule tout au long de cette aventure. »
— Linda Graham, psychothérapeute spécialiste du couple et de la famille, autrice de *Resilience*

À vous tous,
avec qui j'ai tant aimé vivre
à St. Mary's, à Greenwich, de 1966 à 1968.

Vous êtes encore et serez toujours présents dans mon cœur.

Sommaire

Introduction

Pourquoi suis-je resté si longtemps dans cette relation ?
Qu'est-ce qui m'a empêché de me soigner de cette addiction plus tôt ?
Pourquoi me suis-je enfermé toutes ces années dans ce travail ?
Comment ai-je pu accepter de me faire traiter de la sorte ?
Quelles peurs m'ont retenu jusqu'à présent ?
Alors qu'on m'avait déjà tant pris, comment ai-je pu renoncer à davantage ?
Quand la situation ne me convenait plus, pourquoi n'en ai-je pas changé ?
Quand il me restait déjà si peu, pourquoi me suis-je contenté d'encore moins ?
Pourquoi ai-je tant tardé à vouloir plus ?

En plus de cinquante ans de carrière dans la psychothérapie, il m'est apparu que mes patients souffrent souvent d'une même difficulté : ils restent trop longtemps dans des situations qui « ne marchent pas ». Cela m'est aussi arrivé, et je parierais même que tout le monde l'a vécu un jour. Ces situations qui « ne marchent pas » peuvent concerner la sphère amoureuse ou professionnelle, un choix, une dépendance, une douleur physique, un conflit, des histoires de famille, l'appartenance à une religion, à une structure ou à une institution… bref, tout ce dans quoi nous nous impliquons. Quitter une zone d'inconfort est parfois tout aussi effrayant que de sortir de sa zone de confort ! Le plus difficile est de savoir quand partir et comment agir.

D'un autre côté, il y a des moments où l'on ne persévère pas assez. Des moments où l'on renonce à se battre pour son couple ou pour une cause qui pourrait réellement marcher. La difficulté alors est de savoir quand persister et s'investir davantage pour que cela fonctionne. Ce livre aborde ces deux défis de l'existence : ne pas endurer plus que nécessaire ce qui ne nous convient pas (rester trop longtemps) et, à l'inverse, persévérer dans ce qui pourrait nous réussir (rester assez longtemps). Nous découvrirons la relation fascinante qui lie ces questions à notre personnalité et à notre histoire personnelle.

Au cœur de ces deux choix – rester ou partir – se pose une troisième question cruciale, sur laquelle tout repose : celle du *timing*. Dans cet ouvrage, le *timing* désigne le moment opportun, l'action qui tombe à point nommé, ce que l'on a en tête quand on dit que « l'heure est venue ». Lorsque nous partons alors qu'il faudrait rester, ou que nous restons alors qu'il faudrait partir, ce n'est pas uniquement le résultat de nos choix et de nos actions. Pourquoi décidons-nous d'agir un lundi plutôt qu'un dimanche ou un mardi ? Parce qu'une horloge, logée en nous, nous indique quand nous sommes prêts à agir et quand nous poser la question d'agir. Précipiter les choses ou les faire traîner ne nous apportera rien de bon. Dimanche, il sera trop tôt. Mardi, trop tard. Tout événement majeur de notre vie doit être soumis à l'épreuve du temps ; rien ne peut s'y substituer.

Au bout du compte, on ne part ou l'on ne reste que lorsque l'on est prêt. Et cela dépend d'un compte à rebours que nous ne maîtrisons pas. En effet, le temps joue un rôle dans chacune de nos actions. Ce livre vous aidera à aborder les grandes décisions de votre vie selon votre propre *timing*, et à agir en conséquence. Ainsi, vous accéderez à un nouveau monde, un monde de tous les possibles et de tous les chemins. Partout s'ouvriront pour vous les portes du Dharma, l'enseignement du Bouddha.

À en croire certains livres et coachs de développement personnel, rester ou partir ne serait qu'une question de volonté : il suffirait de se décider, d'ouvrir enfin les yeux et de se secouer une bonne fois pour toutes grâce à telle ou telle méthode imparable. Ces stratégies fonctionnent parfois, mais il y a une autre question à prendre en compte, une énigme, indissociable de celle du *timing*, qui vaut pour chacun d'entre nous : « Sommes-nous prêts ? » Car le *timing* n'est pas une baguette magique qui nous force à agir. En revanche, il peut nous aider à nous mettre en mouvement, pourvu que nous soyons à l'écoute de son appel. Tendons donc l'oreille puisque, pour être prêt à rester ou à partir, il faut :

- comprendre sa situation ;
- se sentir capable d'agir ;
- avoir les moyens d'agir ;
- avoir l'envie d'agir.

Pour mieux comprendre, considérons deux cas de figure. Dans le premier, nous ne pouvons pas partir parce que le *timing* n'est pas bon : nous ne pouvons rien y faire, nous devons l'accepter. Nous ne sommes pas prêts à nous réveiller, car le réveil n'a pas encore sonné.

Dans le second cas de figure, le *timing* est parfait, mais nous ne partons pas. Ignorant notre horloge interne, qui sonne et hurle « Debout ! », nous replongeons dans le sommeil. Ainsi, quand on se sent coincé dans une situation, c'est peut-être qu'on n'est pas encore prêt à se décider et à agir au moment où il le faudrait. Nous faisons le choix de ce que nous connaissons. C'est le principe de l'inertie : un corps immobile tend à le rester. Voici un résumé des deux cas que nous venons d'aborder :

EN...	NOUS...	ET NOUS DOUTONS...
... restant trop longtemps dans une situation qui ne nous convient pas,	... tolérons l'intolérable,	... de nous-mêmes : nous perdons confiance en nos ressources intérieures.
... ne restant pas assez longtemps dans une situation qui pourrait nous réussir,	... refusons un changement profitable,	... du pouvoir de l'amour : nous perdons confiance en la capacité des autres à évoluer, en la possibilité qu'une relation se renouvelle et s'épanouisse.

Le plus tragique dans tout cela, c'est que nous risquons de passer à côté de notre vie. Emily Dickinson écrivait : « Cela passe et nous restons. » Le temps de l'action finit par s'écouler, et nous n'avons pas bougé. Naturellement, cette citation peut aussi nous conforter dans la certitude que la douleur finit toujours par se dissiper, tandis que nous demeurons. En revanche, il serait triste de s'en servir pour justifier l'immobilisme.

Dans la nature, rien ne se produit trop tôt ni trop tard. Tout y est en constante évolution, en perpétuel mouvement. Si l'ours hiberne, ce n'est pas parce qu'il remet les choses au printemps suivant, mais parce qu'il s'y prépare. Et lorsqu'un bébé dort, il ne cherche pas à esquiver la réalité : il se développe. Si l'on filmait en accéléré le grand chêne qui trône devant ma fenêtre, on verrait qu'il subit en continu une multitude de changements. Loin d'être statique, cet arbre est en mouvement. La procrastination s'explique ainsi souvent par la peur du changement et du mouvement. D'ailleurs, n'est-il pas remarquable que le mot « présent » désigne en latin « ce qui est en avant » ? Absolument tout sur cette planète est sans cesse en train d'avancer, d'évoluer, de changer. Ce livre vous donnera les clés pour imiter la nature et, comme elle, épouser le mouvement et la croissance, toujours au bon moment.

Vous découvrirez quelles ressources puiser en vous et comment les associer à ce *timing*. Vous apprendrez à dire « oui » aux appels discrets ou insistants de ce dernier. Vous verrez comment vous tenir prêt à vous élancer lorsque retentira le signal de départ. *Toute situation dans laquelle nous semblons paralysés peut devenir le déclic qui nous tirera de notre immobilité.*

Voici certaines des difficultés qui nous empêchent souvent de passer à l'acte :

- la peur de l'autre, voire la présence de menaces ;
- l'hésitation (qui est une forme de peur) à quitter une carrière qu'on a eu tant de mal à bâtir ;
- la peur de ce que pourront penser les autres de notre choix ;
- la peur de n'avoir nulle part où aller, ou de se retrouver dans une situation pire que celle que l'on vit ;
- la peur de se sentir coupable une fois qu'on sera parti ;
- la peur de décevoir ceux qui nous aiment ou d'offenser ceux qui nous admirent.

Ainsi, on souffre parfois de rester trop longtemps dans une situation. Mais il arrive aussi, à l'inverse, qu'on en parte trop tôt. Vous découvrirez donc dans ces pages quand et comment rester dans une relation ou un contexte qui *peut* vous être favorable et vous offrir plus que vous le pensiez. Certains d'entre nous restent trop longtemps immobiles ; d'autres prennent le départ trop tôt. Il est ainsi important d'explorer les hésitations et les anticipations qui nous poussent à fuir une relation ou un projet qui aurait pu nous combler. Voici certaines de ces circonstances :

- La peur ou le refus de l'engagement.
- L'appréhension de se plonger corps et âme dans une relation, un projet, une carrière, une démarche spirituelle.
- Le désir de rester libre de ses choix, de se laisser la possibilité de partir quand on le souhaite. Cela peut être une forme de liberté, mais révèle aussi une réticence à persévérer, à prendre des risques, à aller au bout de ce qui pourrait nous profiter. Devenir parent, par exemple, c'est s'engager pour au moins dix-huit ans de responsabilités.
- La crainte de se révéler et de se fier pleinement à l'autre dans une relation.
- La peur de se montrer assez vulnérable pour réellement cultiver et approfondir des liens d'intimité (après tout, « intimité » vient du latin *intimus*, « ce qui est profond »).
- L'anticipation du jour où il faudra s'ouvrir à l'autre (plus qu'on se sent prêt à le faire).
- L'idée que la personne aimée connaisse tout de nous. Quand on constate que l'autre a percé à jour tout ce que l'on cherchait à cacher, on peut être tenté de prendre ses jambes à son cou.

Nous ne devons pas nous en vouloir : il est naturel d'avoir peur de s'engager ou de baisser sa garde. Néanmoins, surmonter ces angoisses nous permettrait de nous accomplir pleinement dans notre humanité – une entreprise que l'on peut envisager avec enthousiasme plutôt qu'avec appréhension. Ayons de la compassion pour nos faiblesses, et efforçons-nous plutôt de nous libérer de nos craintes et de nos doutes.

Au fil de ces pages, nous nous poserons bien sûr plus de questions que nous n'acquerrons de certitudes, car les mystères qui entourent le sujet sont bien trop nombreux. Mais c'est justement en s'abandonnant au mystère que les héros que nous sommes commencent leurs plus beaux voyages. Nous conjuguerons la psychologie à la spiritualité issue de diverses traditions, et découvrirons ainsi que notre cheminement vers la plénitude est aussi complet que nous le sommes.

Avez-vous déjà éprouvé l'envie de partir,
Tout en ressentant le désir de rester ?
— Jimmy Durante

UN

Pourquoi est-il si dur de partir ?

L'expérience de tous les temps a montré que les hommes sont plus disposés à tolérer des maux supportables qu'à se faire justice en abolissant les formes auxquelles ils sont accoutumés. Mais [...] *il est de leur droit, il est de leur devoir de rejeter un tel gouvernement et de pourvoir, par de nouvelles garanties, à sa sécurité future.*

— Déclaration d'indépendance américaine

RESTER TROP LONGTEMPS dans une situation qui ne nous convient pas finit toujours par être source de souffrances. Il suffirait pourtant d'agir pour améliorer les choses ou de tirer un trait sur ce que l'on ne peut pas changer. Mais pour la plupart d'entre nous, cela reste plus facile à dire qu'à faire. Nous avons tendance à nous éterniser dans des situations inadéquates ou insoutenables, « disposés » que nous sommes à « tolérer [ces] maux ». Nous nous « accoutumons » à la douleur et en restons prisonniers.

Cette propension à l'inaction ou à la résignation peut s'expliquer de multiples façons :

- un jugement faussé par les fantasmes, les croyances erronées et les vœux illusoires ;

- la peur du changement ;
- la conviction que vivre, c'est souffrir et non prendre du plaisir ;
- le sentiment que l'on n'a pas *le droit* de baisser les bras ;
- l'espoir que la situation s'améliore quand bien même toutes nos espérances ont été bien trop longtemps déçues.

L'un des principes centraux du bouddhisme est l'impermanence, l'idée que toute chose est temporaire, et que s'y attacher ne mène qu'à la souffrance. L'obsession et l'immobilisme vont à l'encontre de cette sagesse. Cela revient à nous imaginer que notre situation présente peut, voire *doit*, durer éternellement. Nous croyons à la permanence des choses et agissons comme si elle était possible. Or, craindre le changement revient à fuir la réalité, puisqu'il est l'un des principes inhérents à la vie. En le redoutant, c'est sa finalité même que nous rejetons : l'évolution.

Le bouddhisme nous enseigne aussi que le bonheur est l'un des buts de l'existence. Cela, nous l'oublions trop souvent en nous cramponnant à un *statu quo*, certes familier, mais funeste. En nous enfermant dans une telle impasse, nous nions notre droit au bonheur et cultivons ce qui fait notre malheur. Nous devenons les fossoyeurs de notre propre vie.

Voici quelques indices révélateurs de situations que vous devriez quitter :

En amour :

- Vous vous êtes enfermé dans des schémas dysfonctionnels que vous tolérez.
- La relation n'a plus rien d'excitant ; tout est devenu fade et ennuyeux.
- Vous ne trouvez plus dans le couple ni réconfort ni motivation.

- Votre partenaire et vous suivez des directions différentes.
- L'un ou l'autre souffre d'une addiction.
- Vos sentiments et vos besoins ne sont ni écoutés ni comblés.
- La confiance a été rompue.
- Les rapports sexuels sont rares ou inexistants.
- La seule émotion éprouvée est le ressentiment.
- Vous froncez les sourcils plus que vous ne souriez.
- Vous n'êtes plus amants, mais colocataires.

En famille :

- Vous ne recevez que jugements, critiques et rejet.
- Votre famille vous épuise émotionnellement, et cela ne semble pas près de changer.
- Les membres de votre famille exigent d'être au centre de votre vie.
- On vous impose depuis toujours un rôle, et l'on s'attend à ce que vous vous y cantonniez. (Il se peut aussi que vous vous soyez vous-même enfermé dans ce rôle.)
- Votre famille (ou vous-même) ne conçoit pas que vous ayez une vie propre.

En amitié :

- Vous ne vous faites plus assez confiance pour aborder des sujets intimes.
- Il y a plus de rivalité dans vos interactions que de soutien.
- Vous n'avez plus grand-chose en commun.
- L'un de vous se retrouve à endosser le rôle d'un psy plutôt que celui d'un ami.
- L'autre a trahi votre confiance et refuse d'admettre sa responsabilité.

- Vous avez peu ou plus de contact, et aucun de vous ne le regrette.

Au travail :

- Votre carrière est dépourvue de perspective : il n'y a aucun changement à l'horizon, aucune chance de promotion ni d'augmentation.
- L'environnement est plus compétitif que collaboratif.
- Il y a un manque d'équité et de respect de la part de la hiérarchie.
- Vos compétences ne sont pas mises à profit.
- On ne vous offre pas la possibilité de développer vos compétences.
- Votre salaire n'est pas en adéquation avec le travail fourni.
- Vous ne faites confiance ni à votre hiérarchie ni à vos collègues.
- Vous travaillez plus dur que nécessaire.

En matière de religion :

- Vous vous sentez limité et rabaissé.
- Les croyances véhiculées ne vous convainquent plus.
- La morale professée repose sur la peur ou la honte.
- Il n'y a aucun sens du collectif.
- Les croyances véhiculées méprisent la science et nient tout libre arbitre.
- Une seule façon de vivre sa vie et sa sexualité est admise.
- L'autorité hiérarchique ne peut jamais être remise en question.
- Les idées professées ne reflètent pas vos valeurs.

Dans la vie associative :

- Vous avez perdu tout intérêt ou envie de vous engager pour cette mission.
- L'organisme n'est plus fidèle à ses principes.
- Les projets portés ne vous passionnent plus.
- Votre engagement ne vous apporte plus aucune stimulation ; vous n'avez plus rien à y apprendre.

Pour s'affranchir de ces situations fâcheuses, l'élément clé est généralement le *timing*. Toutefois, en cas de violence ou de harcèlement, il faut agir sans attendre et partir le plus vite possible pour se protéger.

Lorsque l'on décide de se libérer, c'est pour aller de l'avant. Ces deux actions, terrifiantes pour la plupart d'entre nous, sont pourtant au cœur du voyage que nous sommes sur le point d'entreprendre. Il est donc crucial d'accepter nos peurs avec compassion si l'on veut évoluer sainement.

Dans son poème « *'Tis not that dying hurts us so** », Emily Dickinson emploie l'image de deux oiseaux d'espèces différentes vivant au fil des saisons. Certains oiseaux restent tout l'hiver à mendier de maigres miettes à des paysans qui, comme eux, endurent le froid. Tandis que d'autres, plus sages, migrent *avant* la venue du gel. La poétesse compare les premiers aux êtres humains, qui font le *choix* de ne pas s'envoler vers un climat plus doux quand la vie se fait rude. Elle regrette que nous soyons ces « oiseaux qui restent »… un vers que j'ai d'ailleurs envisagé un temps pour le titre de cet ouvrage.

Qu'est-ce qui nous pousse à attendre ainsi dans des limbes si froids et inhospitaliers ? Le mot latin *limbo* désigne le bord, l'extrémité. Nous traînons au bord du monde, au lieu de le

* Que l'on pourrait traduire par « Ce n'est pas que mourir nous fasse si mal ».

parcourir à la recherche de contrées plus vertes. Qu'est-ce qui nous retient ainsi dans ce qui nous est familier ? Pourquoi nous entêtons-nous sur une voie que nous savons être sans issue ? Pourquoi nous cramponnons-nous à l'indécision, à l'inaction, à la passivité ? Peut-être sommes-nous simplement trop lents à la détente ? Dans les sections qui suivent, nous explorerons d'autres explications, plus poussées, et tâcherons de trouver des solutions.

Notre esprit recherche constamment l'équilibre ; il préfère concilier les opposés plutôt que de demeurer dans les extrêmes. Dans sa fonction transcendante, il trouve alors une troisième voie médiane, à mi-chemin entre les deux. Mais pour cela, il faut que le moment soit propice et que nous soyons prêts à le recevoir. Prenons l'exemple de Boucle d'or : la fillette part se promener le matin même où, après avoir préparé leur soupe, les trois ours quittent leur maison. Pour apprendre la leçon qu'elle était prête à recevoir, elle ne pouvait pas partir plus tôt ni plus tard : elle s'est mise en chemin pile au bon moment. Elle a ensuite bu dans le bol trop chaud, puis dans le bol trop froid. Les deux extrêmes ont joué pour elle un rôle crucial, comme ils le font pour nous. Ils ont guidé Boucle d'or vers le juste milieu, la troisième voie transcendante. Il ne fallut que quelques secondes à notre héroïne pour changer de bol. Nous mettons parfois dix ou vingt ans à nous décider à changer de situation. Mais il n'est jamais trop tard pour trouver ce qui nous convient « juste comme il faut ».

MANQUE	JUSTE CE QU'IL FAUT	EXCÈS
La situation ne m'apporte pas assez : peut-être dois-je partir ?	La situation m'apporte exactement ce qui me convient : je reste.	La situation m'apporte trop ou me submerge : peut-être dois-je partir ?

QUAND NOUS NE SOMMES PRÊTS NI À SAVOIR NI À NOMMER

Ô lune croissante,
Comme toi je cache
Tant de moi.

Dans le chapitre 9 de la Genèse, Noé, ivre, gît nu sous sa tente. Son fils, Cham, découvrant l'état de son père, décide de monter la garde devant l'abri afin que personne d'autre ne le voie ainsi, et demande à ses deux frères de s'occuper de lui. Sem et Japhet entrent alors à reculons sous la tente pour ne pas voir la nudité de Noé, et le couvrent d'un linge. Cette histoire d'alcoolisme illustre les effets dévastateurs du déni, qui nous dessert également quand…

- nous n'osons pas regarder un problème en face, de peur d'en découvrir toute l'ampleur ;
- nous nourrissons des secrets de famille ;
- nous demandons aux autres de régler nos problèmes ;
- nous nous attaquons à l'un des aspects d'un problème sans oser regarder la situation dans son ensemble ;
- nous tentons d'étouffer le problème en pensant que cela suffira ;
- nous ne nous avouons pas la vraie nature d'une relation.

Être prêt, c'est à la fois savoir et agir. Toute action nécessite d'abord une prise de conscience, comme lorsque Cham découvre l'état de son père. Mais il faut ensuite passer aux actes, ce qu'aucun des trois frères n'a réussi à faire pour aider Noé à se soigner de sa dépendance. Leurs gestes dérisoires pour le dissimuler ne sont d'aucune utilité, puisqu'ils ne mènent pas à sa guérison.

Pour prendre des exemples plus positifs, un athlète qui se lance dans un marathon doit être en bonne condition physique, et une personne qui veut se mettre en couple doit se sentir prête à nouer des liens intimes. Or, ce n'est pas toujours simple. Il arrive qu'on ne sache pas si l'on est prêt ou pas, parce que le moment de le savoir n'est pas encore venu. On peut, par exemple, mettre du temps à comprendre que l'on est introverti. Et ce n'est qu'une fois qu'on en a pris conscience que l'on peut planifier sa vie (et ses relations amoureuses) de façon appropriée. Tout cela nous renvoie donc à la notion essentielle de *timing*.

Audre Lorde, dans *Sister Outsider**, se pose la question suivante : « Jusqu'où puis-je supporter de voir cette vérité sans me voiler les yeux… ? » Elle nous rappelle ainsi que l'ignorance nous protège parfois, et qu'il n'est pas toujours bon pour nous de connaître nos besoins, nos valeurs ou nos souhaits les plus profonds. Le *timing* nous indique alors quand cette prise de conscience peut se faire sans risque, ou quand notre courage peut nous permettre de l'affronter.

La peur de connaître la vérité sur soi ou sur une relation est parfois masquée par d'autres peurs. Prenons une mère qui peine à entretenir une relation avec son fils adulte. Elle redoute de lui en parler ouvertement et de lui demander de faire lui aussi des efforts. Elle sait qu'elle s'expose à des reproches nourris depuis longtemps en silence. Elle sait qu'elle devra affronter ses propres regrets quant aux choix qu'elle a faits. Ce qui la retient d'entamer cette conversation, c'est la peur d'être rejetée et de devoir admettre ses propres défauts. Mais ces deux peurs n'en sont en fait qu'une : celle de découvrir l'entière vérité sur l'état de leur relation. La plupart d'entre nous concluent des accords tacites avec leurs proches et collègues en se disant : « Si l'on ne

* Traduction française publiée chez Mamamelis en 2018, sous ce titre.

fait pas de vagues, on ne prendra pas l'eau ! », mais cela revient à admettre, sans l'intégrer totalement, que la barque tangue déjà violemment.

Dans ce cas, nous redoutons de voir la vérité éclater au grand jour, car si elle était révélée, nous devrions en affronter les conséquences et ne pourrions plus vivre dans le déni. La raison profonde, l'origine véritable de cette peur, quant à elle, n'a pas de nom. Elle se loge dans nos expériences passées, bien trop loin dans les tréfonds de notre mémoire pour que nous puissions l'identifier.

Pourquoi refusons-nous de voir la réalité ou la vérité qui se cache derrière nos problèmes ? Pour quelle raison détournons-nous le regard de notre douleur ? Cela se fait d'ailleurs parfois malgré nous : il arrive que nous ne remarquions même pas notre souffrance tant nous nous y sommes habitués. Nous l'avons si longtemps ignorée qu'elle est désormais inscrite dans notre esprit et notre corps. C'est ce qui arrive, par exemple, quand on s'habitue à encaisser les piques blessantes de son conjoint. Il se peut même qu'on y trouve une forme inexplicable de réconfort, impassibles et aveugles que nous sommes sur la rive du Léthé, le fleuve de l'Oubli.

Pour certains d'entre nous, cela remonte à l'enfance : n'ayant jamais eu la liberté de découvrir qui nous étions vraiment, nous nous sommes construits en fonction des attentes et des limites imposées par nos parents ou par d'autres figures d'autorité. Nous ne connaissions pas nos besoins, ils nous étaient dictés. Peut-être même nous a-t-on affirmé qu'ils étaient comblés, alors qu'en notre for intérieur, nous sentions bien qu'il n'en était rien. Nous ne cultivions pas nos talents, car ils ne correspondaient pas aux projets qu'avaient pour nous les adultes. Exprimer nos idées, nos croyances, notre orientation sexuelle, nos ressentis ou nos passions n'était peut-être pas sans risques non plus : s'ils n'étaient pas conformes à la norme, nous nous exposions à l'exclusion, à l'isolement, voire aux flammes de l'enfer !

Il n'est pas simple de cacher en soi une « part d'ombre » quand on n'a pas d'autre choix que d'être un enfant bien sage. Se savoir ou se montrer différent peut être dangereux dans une famille ou un groupe qui ne valorise que l'uniformité. Par définition, un enfant qui ignore encore son potentiel ne peut connaître, ressentir et choisir que ce que sa famille l'autorise prudemment à vivre. Il est ainsi freiné dans la découverte de son identité, empêché d'explorer ses sentiments et d'agir en conséquence. On ne peut se connaître qu'en découvrant ses propres émotions, besoins, valeurs, souhaits et désirs profonds. Si, en grandissant, nous avons dû nous conformer en toutes choses aux critères des adultes, comment pouvons-nous aujourd'hui nous connaître ? Toutes ces restrictions nous empêchent d'être un jour prêts à prendre des risques. Et tout nous semble alors risqué.

Les interdits de l'enfance, tout comme notre méconnaissance de nous-mêmes, nous suivent souvent dans l'âge adulte. Il arrive que, sans même en avoir conscience, nous ignorions toujours qui nous sommes et ce dont nous avons besoin (les deux sont intimement liés). Il se peut qu'on ne se rende même pas compte que la situation que l'on vit est inacceptable. Toutefois, le fait que vous ayez ouvert ce livre indique sûrement que le moment est venu de vous pencher sur certaines questions. Pour emprunter cette voie, vous devrez accepter de vous connaître pleinement et d'ouvrir les yeux sur votre situation actuelle. Mais comment se repérer sur ce chemin qu'il faut une vie entière pour explorer ?

Dans le Nouveau Testament, saint Philippe demande à un passant lisant un texte s'il comprend ce qu'il a sous les yeux. Sa réponse est dans les *Actes* (8, 31) : « Comment le pourrais-je si personne ne me guide ? » Parfois, nos connaissances nous viennent de la voix d'une autre personne. Parfois, pour se connaître, il suffit d'un mot d'une personne qui nous comprend mieux encore que nous-mêmes. On peut en apprendre beaucoup sur soi par l'intermédiaire d'un ami ou d'un guide, une personne qui ne nous juge pas, mais nous soutient. Il est souvent moins effrayant de se découvrir à travers des yeux plus lucides que les nôtres.

Renversons à présent la situation. Imaginons cette fois que nous en sachions plus sur un ami que lui-même, mais que, ne pouvant pas le lui révéler, nous devions attendre qu'il le découvre seul. Prenez ce qu'il m'est arrivé aujourd'hui : sur le terrain de golf qui jouxte ma maison, j'ai vu un sac de clubs tomber de la voiturette d'un joueur qui quittait le parcours. Je n'ai pas eu le temps de le prévenir ni de le rattraper, mais je savais qu'il s'en rendrait compte bien assez tôt. Ainsi, je n'ai pas pu l'aider à ce moment-là, mais j'étais certain qu'il s'en rendrait compte en temps voulu. Je ne pouvais que regarder le sac tomber. J'ai vu dans cette scène une métaphore du *timing*. Parfois, nous connaissons la vérité sur les autres, mais devons attendre qu'ils la découvrent par leurs propres moyens.

On peut comprendre et expliquer pourquoi un ami ou un parent se sent captif d'une situation aux issues pourtant nombreuses. Malheureusement, nos mots ne peuvent atteindre que le cortex préfrontal, le siège de la raison, quand l'immobilisme de cette personne trouve son origine dans le système limbique, où sont logées les émotions, ou même dans l'amygdale, où s'ancrent les traumatismes. Les mots ne parviennent pas si loin. Si le *timing* n'est pas là, nous ne pouvons pas l'influencer. De plus, les motifs alimentant son inertie auront toujours plus de poids que nos paroles. Encore une fois, les arguments s'adressent au cortex préfrontal, alors que les peurs sont limbiques – ils ne parlent pas le même langage. La seule chose à faire est donc de se montrer présent pour l'autre tout en gardant espoir. À travers ce rôle de témoin passif, nous lui manifestons notre amour en l'acceptant sans le juger, et lui laissons le choix sans interférer.

Parfois, les sermons qui nous ont été assénés enfants nous empêchent de nous révéler et de percevoir clairement nos difficultés actuelles : « Ne baisse jamais les bras ; va jusqu'au bout, coûte que coûte ; ne fais rien à moitié ; ne te plains pas ; ne sois pas faible. » L'endurance et la persévérance sont, certes, des qualités, mais paradoxalement, elles peuvent nous empêcher d'avancer. Pour autant, nous ne devons pas nous en vouloir lorsqu'il nous arrive (souvent, même) d'être aveugles à notre propre situation. Il est difficile de savoir comment agir alors qu'on n'est pas encore prêt à le faire. Le *savoir* et l'*action* dépendent du *timing* et de notre degré de préparation. On ne peut avoir conscience de la nécessité de partir qu'une fois que l'on est prêt à partir. Pour le savoir, nous devons donc être réceptifs, car c'est cette ouverture d'esprit qui nous mènera ou non à être prêts.

Quand on ne sait pas, c'est aussi parce que l'on ne veut pas s'exposer à tout ce que pourrait impliquer un événement ou une révélation. Nous n'acceptons de voir la réalité qu'à la hauteur de ce que nous nous sentons capables d'encaisser. Les violences domestiques, par exemple, nous mettent dans l'impasse en nous faisant douter non pas de notre capacité à endurer ce qu'il nous arrive, mais de notre faculté à changer les choses. Dans ce cas-là, il nous paraît même impossible que la situation évolue. Les sections suivantes s'intéresseront donc aux sentiments et aux circonstances qui obscurcissent la perception de nos choix et nous limitent dans nos décisions.

Le mot latin *olim* a trois significations : « autrefois » quand il fait référence au passé ; « actuellement » quand il s'applique au présent ; et « dorénavant » quand il évoque le futur. Et si le mot « *timing* » avait la même polyvalence ? Ainsi, connaître son *timing* supposerait de prendre en compte les événements passés, les circonstances présentes et les perspectives. Tout un programme !

Un dernier mot sur le savoir : certaines personnes font le choix délibéré de l'ignorance. Pourtant, ce n'est qu'en choisissant le savoir que l'on peut opérer de véritables changements ou goûter à la satisfaction. Voici deux comportements qui, de façon directe ou insidieuse, nous maintiennent dans le flou et nous empêchent d'avancer :

- Faire une mauvaise évaluation de la situation : voir dans les signes d'agonie de notre relation ou de notre carrière des indices de bonne santé ; faire la sourde oreille aux messages qui nous sont clairement adressés ; ne nous concentrer que sur un détail au lieu de voir le contexte global ; ignorer les problèmes requérant une action, surtout si cette dernière mène à un changement, à un départ ou à une conclusion.
- Espérer que la situation qui nous pèse s'améliorera d'elle-même, ou que la personne qui nous fait souffrir modifiera son comportement.

Malheureusement, *le seul espoir qui vaille est celui qui se réalise dans le changement concret.* Il doit se fonder sur ce que nous voyons, et non sur des rêves ignorant toute réalité. L'espoir, les vœux pieux et le déni obstiné ne font parfois qu'un. Mais l'espoir peut être noble, si l'on s'en tient à la réalité présente, sans projections hasardeuses.

La première chose à faire pour se tirer d'une situation qui nous fait souffrir est de prendre conscience que nous souffrons, d'identifier la douleur, et de mettre au jour cette blessure si longtemps cachée. Au lieu de nous répéter « Surtout, ne bouge pas ! », nous nous surprendrons alors à crier : « Sors-toi de là ! » Mais cet élan de liberté ne peut naître que de notre volonté de savoir. Le nain Tracassin ne nous laissera tranquilles que lorsque nous connaîtrons son nom !

> *L'individuation se produit quand la situation, débarrassée de son armure de conventions, nous donne à voir la réalité nue, sans voile ni parures.*
> — Carl Jung, *Psychologie du transfert*

QUAND LES PEURS NOUS PARALYSENT

La peur est la première cause de l'immobilisme. Nous avons peur de ce qui nous attend une fois que nous aurons quitté notre situation actuelle. Nous avons peur du changement, du futur, de l'inédit, de l'inconnu. Mais il y a derrière tout cela une crainte plus profonde encore : celle de ne pas réussir à *survivre* seul. Nous doutons de notre capacité à être autonome (un sujet que nous explorerons dans le chapitre 3), et nous trouvons dans le couple ou le groupe un refuge confortable, à l'abri d'un monde qu'on ne se sent pas capable d'affronter seul.

Commençons par admettre que toutes nos peurs concernent notre absence d'emprise sur l'avenir, la crainte de l'impuissance, l'appréhension de la surprise. Nous doutons de nos ressources intérieures. La peur nous manipule même tellement que nous en venons à penser que le contrôle est synonyme de sécurité. Nous estimons notre valeur à l'aune de notre faculté à maîtriser chaque aspect de notre vie. Nous n'imaginons pas pouvoir survivre en laissant les dés du destin rouler au hasard ; nous pensons devoir en maîtriser chaque lancer. Nous tremblons à l'idée de quitter les maux qui nous sont familiers pour aller au-devant de maux inconnus. Mais vouloir tout contrôler, voilà le plus grand des malheurs.

En nous figurant que notre stabilité dépend de notre contrôle, nous nions la réalité. Par exemple, lorsqu'une personne s'ingénie à tout régenter chez son partenaire, elle ne se rend pas compte que c'est leur relation dans l'ensemble qui la rend misérable. Or, si une chose est certaine, c'est bien qu'on ne peut jamais tout maîtriser. Une situation amoureuse ou professionnelle dont on pense gouverner chaque aspect n'est qu'un château de cartes. Le seul fondement fiable sur lequel bâtir une vie, ce sont les faits, et notamment ceux qui nous indiquent que notre situation a déjà bien trop duré.

Sous l'effet de la peur, quelle qu'elle soit, nous finissons par perdre foi en notre capacité à avancer et à changer les choses, convaincus qu'il vaudra toujours mieux attendre... Attendre plus d'informations, attendre de l'aide, attendre que l'autre fasse le premier pas, comme dans le cas d'une rupture amoureuse. Nous restons figés, laissant les choses en suspens, reportant toute décision au lendemain et laissant filer les opportunités par manque de résolution. Nous temporisons, hésitons et peinons à faire un choix que l'on sait pourtant être le bon. Nous sommes tel un enfant effrayé qui ne peut se résoudre à franchir le pont chancelant reliant le présent à un avenir potentiel. En réalité, nous ne croyons même pas en ce possible futur. Nous nous sommes oubliés si longtemps dans les cendres de l'autonégligence que nous ignorons notre âme de phénix. Nous ne remarquons pas les fleurs prêtes à s'épanouir partout où nous voyons un désert.

Parfois, la peur de partir prend un tour ironique en nous persuadant qu'il est dans *notre intérêt* de rester, puisque nous ne pourrions pas nous en sortir seuls. C'est ce qu'il arrive quand, ayant perdu toute notion de nos ressources intérieures, nous nous considérons comme une âme en peine plutôt que comme le capitaine de notre destin. Pensant n'être personne si l'on n'est pas défini par les autres ou par une institution, on s'en remet à ce que l'on connaît, même si, loin de nous profiter, cela nous protège seulement de notre peur de l'inconnu. Le risque est de voir une personne, un groupe, une organisation politique ou une religion flatter cette crainte et l'exploiter.

La peur de partir s'ancre aussi parfois dans l'idée (justifiée ou non) qu'on ne s'en sortira jamais seul, qu'on a *besoin* d'une structure, d'une relation, d'un groupe ou d'une croyance qui nous dira quoi penser et comment agir. Nous n'imaginons pas décider de tout cela par nous-mêmes. Un tel malentendu remonte souvent à l'enfance. Quand on grandit dans un foyer instable, on a beau sentir qu'il est impossible d'y vivre sainement, on se sent incapable d'en partir. On s'attache alors à tout ce qui pourra nous conférer un sentiment d'ordre et de sécurité. Et lorsque notre contexte familial (ou une autre situation, plus tard, dans notre vie d'adulte) nous déstabilise et nous plonge dans la détresse, il nous est impossible de nous remettre seuls sur pied. Nous ne pouvons nous raccrocher à rien, à aucune structure qui nous aiderait à comprendre ou à gérer les expériences vécues.

Parfois, on trouve cette structure dans une organisation religieuse, ou une communauté spirituelle, qui nous aide à comprendre le monde et notre être. En échange, nous renonçons sans peine à notre indépendance, puisque c'est elle, justement, que nous craignons. Nous n'avons plus qu'à suivre la ligne, à accepter tout ce que l'on nous dit, à obéir aux règles et à nous soumettre à l'autorité. Nous confondons sécurité et soumission. Au lieu d'accepter notre individualité, cet environnement *censé* nous protéger et nous soutenir nous force à l'effacer. C'est un pilier stable qui nous sauve du tourbillon du monde, et auquel nous nous accrochons par loyauté. Car, si nous nous sentons en sécurité, c'est uniquement parce que nous n'avons pas l'occasion d'agir, de penser, ni de vivre par nous-mêmes. Peu importe le prix à payer, puisque, de toute façon, nous n'avons confiance en rien d'autre.

La peur n'admet que des solutions extrêmes : l'isolement ou le lien, le chaos ou l'ordre. En effet, personne ne nous force à rester : nous sommes heureux d'avoir trouvé une situation qui semble garantir notre survie. Nous ne pensons même pas à partir, puisqu'il nous semble que nous avons comblé notre besoin vital de sécurité. La soumission devient alors synonyme de sécurité. Nous avons trouvé la structure qui nous faisait tant défaut, au risque d'en être prisonnier.

Rien n'empêche toutefois que nous finissions par renouer avec nos ressources intérieures, gagner en autonomie et construire notre propre système de croyances, de valeurs et de comportements. C'est alors tout un monde de choix qui s'offrira à nous. Dans le cas de l'appartenance religieuse, par exemple, il nous sera possible d'adopter une nouvelle croyance plus tolérante, de rejoindre une congrégation plus ouverte, ou même de rejeter tout culte. L'institution que nous avons fréquentée nous a profité un temps, mais elle ne nous convient plus. Nous pouvons la quitter sans regret pour trouver une autre communauté, libre de tout rapport de domination. Nous pouvons aussi chercher notre propre voie, avec l'aide de personnes qui respectent, encouragent et soutiennent notre indépendance. Il n'y a pas de bon ou de mauvais choix : quand nous nous extrayons du monde des extrêmes, ce n'est pas pour y revenir !

QUAND NOUS PENSONS DEVOIR SOUFFRIR

L'idée que la vie est faite de souffrances qu'il faudrait apprendre à endurer est extrêmement répandue. Et pour certains d'entre nous, ce mythe devient un principe directeur. Pensant qu'il n'existe aucune autre option et que nous ne méritons pas d'être heureux, nous nous imaginons tirer notre force de notre tolérance à la douleur. « On n'a rien sans mal », se répète-t-on, sans pour autant renoncer quand il devient évident qu'il n'y a vraiment *rien* à gagner. Masochistes, nous choisissons de subir plutôt que de partir.

Aucune situation, aucune relation n'est faite que de bonheur, et lorsqu'elles nous apportent moins de joie qu'à l'habitude, nous pouvons tout à fait nous en accommoder *temporairement*. Cela reste acceptable tant qu'en même temps, nous continuons à aspirer à plus. Cet « en même temps » est la clé pour distinguer une tolérance saine d'une accoutumance néfaste à la douleur. Notre capacité à supporter cette dernière, lorsqu'elle est inévitable, nous rend plus forts et accroît nos ressources intérieures. Après un accident, par exemple, nous pouvons endurer des souffrances physiques tout en nous impliquant dans un programme de rééducation. Inconsciemment, cela nous rend aussi plus compatissants, car en prêtant attention à nos propres blessures, nous remarquons celles des autres, et cette prise de conscience se traduit ensuite en actes, comme lorsque le Bon Samaritain remarque le malheur d'autrui et agit en conséquence pour l'aider.

Pour paraphraser Marc Aurèle, il faut avoir la force de supporter ce qui ne peut être changé et, *en même temps*, avoir le courage de changer ce qui peut l'être. Nous devrions rester à un poste, dans une relation ou au sein d'un groupe, le temps de tester ces deux propositions et, si la situation ne nous satisfait toujours pas, passer à autre chose. Imaginez une personne malheureuse en ménage : elle accepte que certaines choses ne puissent être changées, mais entreprend aussi une thérapie de couple pour améliorer ce qui peut l'être. Et si le résultat demeure le même malgré tous ses efforts, il ne lui reste plus qu'à rompre.

La psychothérapie nous offre deux formidables perspectives : découvrir qui l'on est vraiment et acquérir le courage d'agir en accord avec soi-même. L'expérience de notre réalité personnelle est l'antidote à l'aveuglement. Les actions fondées sur ce que l'on est et ce que l'on vit sont le remède à l'inertie. Enfin, il arrive aussi que la solution ne réside pas dans l'action, mais dans l'observation consciente : nous devons parfois *attendre* que quelque chose nous pousse vers notre prochaine étape.

Malheureusement, quand nous sommes convaincus que la vie n'est faite que de souffrances, nous perdons le lien avec ce baromètre intérieur qui nous indique ce que nous pouvons ou non endurer. Nous en oublions alors nos propres limites, surtout si nous avons appris, petits, à toujours nous dépasser. Croire que l'on *doit* toujours être meilleur que ce que l'on est revient à vivre un supplice. De plus, en intégrant l'idée que nous sommes nés pour souffrir, nous finissions souvent par nous fier aux mauvaises personnes, tout comme Job (13, 15) : « Il me tuera, mais il a ma confiance. »

Dans la citation qui ouvre ce chapitre, Thomas Jefferson écrit : « Nous sommes plus disposés à tolérer des maux *supportables*. » Ne demeurons-nous donc dans la souffrance que parce que nous le *pouvons* ? « Si je suis capable de le supporter, c'est forcément que je dois continuer à l'endurer ! », nous disons-nous. Et en pensant cela, nous ne voyons pas que notre aptitude à l'endurance n'est pas un choix. Cette mentalité nous prive de toute chance de bonheur. Notre persévérance occulte notre discernement.

Nous devenons même, pour certains, maîtres dans l'art de la rationalisation. Nous nous convainquons qu'endurer la douleur forge le caractère, et rejetons l'idée que cela peut nous desservir. En février 2020, le sénateur Mitt Romney, voulant expliquer son vote en faveur de la destitution de Donald Trump, décrivait l'influence néfaste de ces justifications qui nous empêchent d'avancer : « J'ai compris, en affaires surtout, mais aussi en politique, que lorsqu'une décision sert nos intérêts personnels, la faculté de notre esprit à se convaincre qu'il s'agit de la meilleure chose à faire est des plus incroyables. Je l'ai vu chez les autres comme je l'ai vu en moi. »

Le mot « endurer » vient du latin *indurare*, « endurcir », dont la racine a également donné en anglais *durance*, « captivité, privation de liberté ». Nous nous endurcissons donc contre le changement et la libération qu'il pourrait nous apporter. L'endurance est contre-évolutive : au lieu de nous faire progresser, elle nous fige sur place. Maintenir les choses telles qu'elles sont, voilà notre périlleuse définition de la réussite. Mais pour des êtres nés pour évoluer, la réussite ne peut se trouver dans l'accoutumance à ce qui est. Il nous faut, au contraire, nous jeter dans l'incertain avec audace et alacrité. L'*alacrité*, d'ailleurs, qui signifie « enthousiasme, entrain, vive gaieté », quelle merveilleuse devise !

Dans de nombreux cas, c'est notre éducation religieuse qui nous a appris à valoriser la douleur. Le protestantisme, par exemple, érige le travail acharné au rang de valeur suprême, tandis que dans d'autres croyances, la souffrance promet un accès assuré au paradis. Notons l'ironie : nous sommes censés aspirer au bonheur, mais uniquement après la mort !

On s'encourage parfois à persévérer dans le malheur en se disant que la vie exige que l'on donne tout de soi, voire plus. Peut-être a-t-on même grandi avec l'idée qu'il était égoïste de poser des limites à nos sacrifices. Cette idée, on la retrouve, dans une prière du saint catholique Ignace de Loyola :

Seigneur, apprenez-moi à être généreux.
Apprenez-moi à Vous servir comme Vous le méritez,
à donner sans compter,
à combattre sans souci des blessures,
à travailler sans chercher le repos,
à me dépenser sans attendre d'autre récompense
que celle de savoir que j'accomplis Votre sainte volonté.

Or, il n'est pas sain de renoncer à la réciprocité, ou de négliger sa santé physique et mentale. Cette prière nous invite à ignorer nos blessures, quand il faudrait au contraire les prendre en compte pour ne pas se sacrifier outre mesure. Elle méprise aussi notre besoin de repos, que Dieu lui-même a pourtant eu plaisir à assouvir au septième jour de la création. Je vous propose donc une autre version de cette prière, moins poétique, mais plus respectueuse de notre bien-être psychique, sans lequel nous ne pouvons remplir notre vocation à évoluer et à aimer. Une vocation est une raison d'être, une mission qui dépasse notre simple existence. Et pour la réaliser, il est nécessaire de cultiver un esprit sain et un corps sain.

Seigneur, apprenez-moi à être généreux,
à donner sans compter ce que je peux raisonnablement partager,
à combattre en prenant le temps de panser mes blessures, ainsi que celles des autres,
à travailler tout en goûtant régulièrement au repos,
à me dépenser en profitant des récompenses qui me sont offertes sans que je les exige.
C'est en trouvant l'équilibre entre le don de ma personne et le soin de mon être que je sais que j'accomplis Votre sainte volonté de me voir me réaliser pleinement et sainement.

Cette prière nous propose une issue différente de l'oubli de soi et du sacrifice. Elle nous invite à choisir l'équilibre et le bonheur. Rappelons-nous les mots du poète John Milton : « Dieu et la nature commandent la même chose. » Dans une conscience religieuse saine, la volonté du divin ne va pas à l'encontre de la nature humaine qu'il a créée.

De nombreuses religions nous enseignent que la douleur est la voie de la rédemption. Cela peut, en effet, être le cas pour une personne qui se sent appelée à changer le monde qui l'entoure. Elle s'engagera alors sans s'épargner pour la cause qui lui paraît juste, comme le fit Martin Luther King, qui endura bien des souffrances pour nous montrer une nouvelle façon de vivre ensemble. Sa peine, il s'en est servi pour persévérer, sans jamais oublier de cultiver la joie et l'espoir. Ce n'est donc pas son exemple que nous suivons quand nous acceptons la douleur dans le seul but de rester immobiles. Cela ne nous rend pas plus humains et ne libère ni nous ni les autres. Nous nous contentons alors de rester spectateurs du grand spectacle de la vie, au lieu d'y jouer le grand rôle qui nous attend.

QUAND NOUS RESTONS TOUT EN NOUS DISTANÇANT

Dans certains cas, nous ne restons dans une relation ou une situation que parce que nous avons réussi à la rendre supportable. Nous avons trouvé un arrangement, et nous y sommes habitués. C'est le cas, par exemple, de deux conjoints qui ne partageraient plus rien d'intime, si ce n'est le toit sous lequel ils vivent. Ayant découvert le moyen de rester ensemble tout en prenant leurs distances, ils s'imaginent que ce compromis fonctionne, mais leur relation est au point mort. Pourtant, de brèves périodes d'inertie peuvent être bénéfiques à un couple lorsqu'elles servent d'intermède avant un nouveau chapitre.

Il existe de nombreuses stratégies pour rendre une relation tolérable. Examinons-en deux : la distraction et la vengeance. Avec l'une comme avec l'autre, nous ne semblons pas bouger, mais nous nous distançons en réalité de ce que nous vivons. La distraction érige une barrière contre l'intimité. La vengeance l'exclut purement et simplement. Dans les deux cas, nous nous maintenons dans une situation qui ne nous convient pas, en usant de méthodes qui ne profitent à personne.

Faire distraction

Un couple dont la flamme s'est éteinte peut trouver dans une personne ou un élément extérieur un moyen de supporter son mal-être. La présence d'un tiers dans la relation compense alors le manque ressenti, ou rend tolérable ce qui était devenu insoutenable. Placé entre les deux partenaires, cet élément leur évite d'avoir à se regarder l'un l'autre. Il peut s'agir d'une liaison, d'un ami, d'un enfant auquel on porterait une attention excessive, d'un animal de compagnie, de problèmes financiers, d'une maladie, d'une addiction, de rancœur ou de toute circonstance à laquelle s'accrocher durablement. Cet élément tiers permet aux conjoints de détourner leur attention de ce qui se trame réellement dans leur couple, de fermer les yeux sur ce qui leur manque et les rend malheureux.

La liaison avec un amant ou une amante est un exemple parfait de distraction permettant d'entretenir ce *statu quo* néfaste. Ce troisième protagoniste joue parfois le rôle de révélateur, levant le voile sur les problèmes existants. Il arrive que, bien qu'il aide l'un ou les deux partenaires à mettre le doigt sur ce qui ne va pas, sa présence *entretienne* justement le mariage, en leur faisant oublier le vide qui s'était créé entre eux. Résultat : les époux resteront bien trop longtemps dans cette relation qui ne leur convient pas. Et quand la liaison prendra fin, la béquille tombera, et les failles seront de nouveau exposées. Les conjoints seront confrontés à la dure réalité et devront agir en conséquence : la thérapie de couple ou la séparation. La personne qui s'était immiscée entre eux leur aura révélé qu'il n'y avait… plus rien entre eux ! Tous les adultères ne jouent pas ce rôle, mais ils disent tous quelque chose de la relation entre les époux. Ce n'est pas une voie saine pour atteindre à la vérité, mais elle y mène parfois.

Il arrive que l'intermédiaire, la distraction, devienne le seul pilier stable d'un château de cartes qui finira, pour le bien de tous, par s'effondrer. C'est le sort de toutes les situations ou relations reposant sur un fondement qui n'est plus. Si notre intérêt pour notre carrière n'est fondé que sur le désir de satisfaire nos parents, alors il disparaîtra avec eux. Si nous ne respectons une religion que pour faire plaisir à nos grands-parents, notre foi mourra avec eux. Quand nos croyances sont liées aux origines culturelles de notre famille, nous pensons souvent que nous en détacher reviendrait à trahir les nôtres, et nous continuons à suivre ces préceptes auxquels nous ne croyons plus. Nous nous sentons en sécurité au sein d'un groupe qui reflète notre histoire et unit notre famille. Nous restons parce que nous sommes attachés au sentiment d'appartenance et de protection que cette tradition nous apporte. Ainsi, nous en sommes à la fois proches et éloignés.

Rester pour se venger

Amoureux, on peut l'être aussi en haïssant.
— Fiodor Dostoïevski

Nous ne pouvons passer sous silence une autre motivation, plus sournoise, qui nous pousse parfois à entretenir certains liens personnels ou professionnels. Il arrive qu'une relation devienne tellement toxique qu'on ne la cultive plus que pour rendre à l'autre les souffrances qu'il nous a fait subir. Cela survient souvent quand on se sent déçu ou méprisé, au travail ou au sein d'un groupe. Habituellement, le désir de revanche est nourri par une rancune tenace ou une accumulation de griefs. Ce genre de motivation dysfonctionnelle peut nous retenir dans un couple, un emploi ou un organisme durant des années, en rendant tout le monde malheureux.

Au sein d'une relation toxique, on peut vite en arriver à détester l'autre, voire à le haïr. Ce sentiment est fait de quatre ingrédients redoutables : une forte hostilité, de la rancune, une volonté de faire ou de voir souffrir l'autre, et un besoin insatiable de vengeance. La haine trouve son origine dans la peur, la rage, la blessure, voire le traumatisme. Une victime qui n'a pas totalement guéri ou réussi à aller de l'avant nourrit souvent de la haine à l'encontre de la personne qui l'a fait souffrir. Car ceux qui nous blessent parviennent en réalité à nous faire peur. Et notre ego ne peut tolérer l'intimidation. Consciemment ou non, nous en venons donc à haïr ceux qui nous intimident.

Il n'est pas rare non plus d'éprouver de la colère ou de la haine pour les personnes auxquelles nous donnons du pouvoir. Une femme qui place tout son bonheur entre les mains d'un seul homme peut finir par lui en vouloir. Un homme qui craint en permanence d'être rejeté par les femmes peut, au bout du compte et malgré lui, détester la gent féminine. La misogynie ne serait donc pas une simple détestation, mais le produit de la peur. Quoi qu'il en soit, pour s'extraire de la haine, il faut se libérer de la peur. Et pour cela, nous devons renoncer à l'agressivité pour la remplacer par l'amour… un chemin long et tortueux. C'est pourquoi la pratique de l'amour bienveillant est essentielle à notre développement personnel et spirituel. Elle nous dégage la route menant à la plénitude de l'être.

Chez nous comme au travail, il arrive que nous nous comportions de manière ouvertement ou passivement agressive. Dans le premier cas, nous nous en prenons frontalement à l'autre. Dans le second, nous ne respectons pas les règles de base d'une relation saine : nous refusons de parler à l'autre, nous agissons indirectement de façon à l'irriter, etc.

La rancœur, exprimée sous forme d'agression, n'est que le reflet de notre incapacité à faire le deuil de nos espérances. Nos comportements violents révèlent une douleur profonde. Lorsque nous dissimulons et réprimons cette peine, une rage vindicative s'installe en nous et nous pousse à faire du mal aux autres. À l'inverse, si nous acceptons notre chagrin, nous pouvons alors l'exprimer sous forme de colère non violente. Au lieu de les cacher, nous accueillons la tristesse et la vulnérabilité. Or, admettre notre souffrance nous aide à nous rapprocher de nous-mêmes et des autres. La vengeance ne mène qu'à la fracture, parfois pour toujours, alors qu'en nous confrontant à notre douleur une bonne fois pour toutes, nous avons une chance de renouer le lien.

La pratique spirituelle peut nous être d'une aide précieuse. Pour paraphraser la sagesse des sutras du *Majjhima Nikaya* : « Nous ne serons pas ébranlés par les actions des autres. Nous ne prononcerons aucune parole blessante. Toujours compatissants, nous veillerons au bien-être d'autrui avec un cœur bienveillant et dépourvu de haine. »

L'anecdote suivante éclaire bien notre sujet. J'animais un atelier dans le cadre d'une retraite bouddhiste autour de mon livre *Être adulte en amour*. Un tiers des participants étaient des couples et nous évoquions alors le thème des représailles. Après leur avoir confié que j'observais souvent ce genre de dynamique toxique dans mes consultations de couple, je terminai ainsi : « Comment peut-on partager une connexion authentique si nous cherchons constamment à nous venger ? Comment faire souffrir l'autre quand nous souffrons pourrait-il nourrir notre amour ? » Puis, sans même l'avoir prévu, je me suis entendu dire sortant de nulle part : « Imaginez que demain, au petit déjeuner, vous annonciez à votre partenaire : "À partir de maintenant, quoi que tu fasses pour me blesser, je n'y répondrai jamais par la vengeance, et je n'exige pas que tu me fasses la même promesse." Imaginez que vous lui disiez cela sans attendre de réponse. » J'étais face à plus de 150 personnes, mais quand j'eus fini de parler, un silence total s'était fait dans la salle. Ils me fixaient tous, immobiles. J'ai soudain pris conscience que je les avais mis dans une situation bien difficile : si, au petit déjeuner, ils ne faisaient pas cette annonce à leur conjoint, cela voulait-il dire qu'ils lui déclaraient la guerre ? J'avais créé un malaise. J'étais allé trop loin. En outre, je ne respectais pas leur *timing* individuel en leur imposant une action dès le lendemain matin. Il faut parfois du temps pour renoncer à la rancune ou comprendre les bienfaits d'une telle décision. Nous sommes nombreux à avoir été élevés avec l'idée qu'il faut rendre les coups qu'on reçoit. (Ma culture italienne m'a même appris que la vengeance, en plus d'être légitime, était nécessaire, comme me le rappelaient les films du *Parrain.*)

Pour vous, lecteurs, je reformulerai donc ma proposition – sous forme de conseil, et non d'ultimatum – : demandez-vous ce que cela vous coûterait de renoncer à la vengeance. Souhaitez-vous vraiment continuer à riposter chaque fois qu'on vous traite injustement ou qu'on vous offense ? Cette attitude est-elle cohérente avec vos pratiques spirituelles, et notamment l'amour bienveillant ? Comment pourriez-vous assainir vos interactions ? Une fois que la volonté de réconciliation aura réellement remplacé votre désir de représailles, vous pourrez, à votre rythme, aborder votre souffrance avec une colère saine : vous autoriser à être triste, vous confronter à votre douleur, ouvrir le dialogue, demander pardon, accepter les excuses de l'autre avec amour et sans rancœur. Vous aurez alors bien plus d'options pour consolider votre amour. Quand j'ai promis à Bouddha de me libérer de toute idée de vengeance, voici ce qu'il m'est arrivé : j'ai commencé à m'aimer davantage. Le *timing* de cette promesse n'était pas planifié. Il est apparu quand je me suis senti prêt, hors de mon esprit conscient, dans un moment de grâce.

La colère, le ressentiment, l'amertume, le désir de se plaindre de ceux que l'on considère comme responsables de notre malheur endurcissent le cœur, empoisonnent l'esprit et nous conduisent à nous faire du mal.
— Bill Clinton, discours à l'Union Chapel,
Oak Bluffs, Massachusetts, 1998

Un seul acte de représailles suffit à brûler toute une forêt de mérites.
— extrait du *Dhammapada*

QUAND L'ENFANCE NOUS HANTE

Le développement de l'enfant se fait par mimétisme. Nous apprenons à être humains en observant d'autres humains, en premier lieu nos parents. Malheureusement, nous ne disposons pas toujours des meilleurs modèles. Voir nos parents vivre une relation vide peut nous conduire à penser que nous ne méritons pas mieux nous-mêmes. J'entends ici *vide* au sens de « sans amour, sans sève, sans élan », un couple dans lequel chacun vit sa vie de son côté, sans aucune complicité. Dans d'autres cas, leur relation peut aussi avoir été une série de montagnes russes, faites de rancunes, de reproches, de menaces, d'insultes et de dénigrements incessants. Et l'enfant que nous étions a intégré cette dynamique comme étant celle d'un couple normal. Si, en plus, nous croyons à la nécessité de tout endurer, il est naturel que nous nous disions : « Le plus important, c'est qu'ils aient tenu bon », perpétuant ainsi l'idée qu'il est acceptable de souffrir toute sa vie, de renoncer à exister. Il arrive qu'un héros traverse une *phase* d'immobilité au cours de sa quête. Une victime, elle, se trouve dans un état d'immobilisme permanent, sans vivre aucune aventure.

Si nous n'avons jamais vu la relation de nos parents combler leurs besoins ou les nôtres, ni rendre quiconque heureux, comment vivre autrement que dans le dépit ? Comment pourrions-nous, une fois adultes, construire de meilleures relations amoureuses ? Et comment y mettre un terme ? Notre histoire entrave notre imagination. Ayant grandi avec l'idée qu'il n'y avait qu'un scénario possible, nous sommes incapables d'en concevoir d'autres. Nous ne pouvons pas nous fier à notre jugement ni à nos perceptions. Notre passé dicte notre présent. La clé est de rejeter ce conditionnement pour faire nos propres choix.

Le mimétisme passe aussi par l'identification. L'immobilité de notre mère ainsi que ses peurs régissent peut-être notre vie actuelle. Peut-être vivons-nous sa vie en faisant de ses angoisses les nôtres. Si c'est le cas, c'est que nous n'avons pas réellement quitté le foyer pour prendre notre indépendance. Heureusement, ce livre peut nous aider à voir notre existence non pas comme une rediffusion, mais comme une œuvre originale.

Au modèle relationnel de nos parents s'ajoutent d'autres influences. Les premières sont les traumatismes. Certaines expériences de notre enfance nous touchent de façon superficielle, d'autres nous blessent en plein cœur ; entre les deux, nous vivons tout un éventail d'événements marquants. Le soir où nos parents, refusant de nous donner une glace avant le dîner, nous ont fait attendre le dessert reste pour nous un souvenir négatif. À l'extrême inverse, s'ils avaient pour habitude de nous priver de nourriture pour se faire obéir, cela laisse en nous une plaie béante. Il faut du temps pour se remettre d'un traumatisme et, même lorsque l'on s'y applique, on n'est jamais sûr d'en guérir totalement. Le traumatisme impose son propre *timing* ; on ne peut ni le hâter ni le reporter. Voyons pourquoi.

Ne pas admettre notre douleur ou sa complexité revient à alimenter le cycle de la souffrance. Nous pouvons nous dissocier du souvenir d'un événement ou de ses conséquences, mais un traumatisme vécu dans l'enfance restera tout de même logé dans la mémoire de notre corps et de notre esprit. L'impact d'une situation traumatique est parfois minimisé lorsque nos parents ne l'évoquent pas ou n'en laissent rien paraître. L'histoire que nous racontons à nous-mêmes et aux autres est alors incomplète. À 8 ans, Sebastian a vu son père battre violemment sa mère. Cela a été pour lui une scène bouleversante, empreinte d'émotions, de significations et de sensations de terreur, de chagrin et d'impuissance. Pourtant, ce jour-là comme le suivant, aucun de ses parents n'a interrogé le garçon sur ce qu'il pensait ou ressentait. Ils n'ont pas fait écho à ses émotions, ils ne s'y sont pas intéressés et ils ne l'ont pas aidé à les surmonter. Au lieu de cela, l'événement ne fut jamais mentionné. Sebastian a dû traverser seul ces terres inconnues. Cet incident frappant est devenu encore plus inquiétant et perturbant. Plus nous nous sentons isolés dans notre souffrance, plus le traumatisme se fait durable. À force de le cacher en nous sans le comprendre ni le partager, nous finissons même parfois par douter qu'il ait eu lieu.

Aujourd'hui adulte, Sebastian raconte sûrement la scène ainsi : « J'ai été témoin de violences domestiques quand j'avais 8 ans. » Il le fait en ces termes parce qu'il n'est pas encore prêt à admettre la portée réelle de ce qu'il a vécu. Il est encore trop vulnérable, et ce n'est pas sa faute. Il ne se sent pas encore capable de laisser l'écho dévastateur de ce traumatisme retentir dans tout son esprit et son corps.

Il en livrera une version plus approfondie le jour où une force incontrôlable lui indiquera qu'il est temps de creuser en lui et de faire un pas vers la plénitude :

« J'ai vu mon père devenir fou de rage et frapper ma mère quand j'avais 8 ans. Ça a provoqué en moi un tas d'émotions et une grande confusion. Je me souviens surtout de m'être senti très seul face à tout ça. Je n'ai jamais sondé la profondeur de l'impact que cela a eu sur moi, mais aujourd'hui, je voudrais le ressentir en toute sécurité, explorer tout ce que cette expérience signifie pour moi, localiser les vestiges enfouis dans mon corps, comprendre son influence sur ma psyché, et enfin, accepter sa nature inconsolable et inexplicable. » Voilà ce que dira le Sebastian qui s'accepte.

Travailler sur nos blessures d'enfance ne les fait pas disparaître. Mais quand nous trouvons le courage et les ressources pour les appréhender sous un nouvel angle, ces traumatismes finissent par ne plus nous faire souffrir, mais par nous ouvrir au monde. Pour employer une métaphore : la résurrection n'annule pas la crucifixion, mais elle en transforme la signification en faisant de l'exécution une rédemption. Dans les deux cas, personnel et allégorique, on passe des ténèbres à l'éveil.

C'est aussi une forme de violence que de réprimer et condamner les inclinations naturelles d'un individu. Adolescents, nous sommes nombreux à avoir appris à refréner notre curiosité sexuelle, alors qu'elle nous aurait aidés à mieux connaître et aimer notre corps. Certains ont aussi entendu qu'il ne fallait pas vivre sous le même toit avant le mariage ; d'autres, qu'aimer une personne du même sexe était répréhensible. Depuis peu, la société se libère de ces sermons destructeurs et culpabilisateurs, mais ce n'est pas forcément le cas de notre famille ou de notre religion. Pour être sains, une enfance, une relation, un contexte doivent accueillir à bras ouverts tout ce que nous sommes.

La culpabilité concerne nos actions ; la honte touche à notre être. La honte, c'est l'impression de ne pas être comme il faudrait, de porter une fêlure permanente. Il en existe deux types : celle qui protège notre liberté et celle qui la menace. La honte qui nous retient de nous promener nus dans la rue nous protège : sans elle, nous nous exposerions au regard des autres, et surtout à la sanction de la loi, qui pourrait restreindre notre liberté. En revanche, si elle nous empêche de nous montrer nus devant l'être aimé, la honte nous inhibe et nous limite.

Qu'ai-je honte de révéler ?
De quelles conditions ai-je besoin pour m'ouvrir davantage ?
Ai-je l'impression que les gens m'aiment pour ce que je suis ou pour l'image que je renvoie ?

Impossible de faire ses bagages

Se libérer de la violence des autres revient à « partir ». Or, dans l'enfance, impossible de faire ses bagages et de claquer la porte. On ne peut pas fuguer et vivre seul à 4, 10 ou même 15 ans. Notre seule option est donc de rester… ce qui peut facilement devenir une habitude. Si bien qu'une fois adultes, nous nous sentons encore paralysés lorsqu'une situation nous fait souffrir.

On reste aussi dans une famille toxique parce qu'on l'aime malgré tout. Petits, nous aimions ces parents qui pourtant nous faisaient souffrir. Nous aimions ces frères et sœurs qui en bavaient eux aussi, et que nous ne pouvions imaginer abandonner à ce sort. Endurer la douleur devient alors un acte de sacrifice héroïque, mais aussi le fruit d'un cocktail dangereux, fait d'amour, de souffrance et d'inertie. Plus tard, lorsque nous grandissons, ce trio néfaste continue de nous entraver : l'amour est une bénédiction, la souffrance en est le prix, et l'inertie, l'engagement qui nous y lie. Quand on a vécu un traumatisme, cette prison rassurante apparaît comme la meilleure des solutions.

Nous pouvons toutefois délivrer notre vie présente de l'étau du passé, grâce à la pleine conscience et à l'observation pure de notre réalité. Même si nos croyances d'enfant nous enferment encore dans des situations douloureuses, les étapes suivantes peuvent nous aider à aborder notre présent d'adulte sous un nouvel angle, en rendant grâce à nos ressources intérieures :

- Oui, par le passé j'ai été maltraité, accablé, isolé, sans ressources pour lutter. Certaines circonstances m'ont fait rester, d'autres rendaient le départ trop risqué.
- Mais aujourd'hui, plus rien de tout cela n'est vrai. Je peux contempler mon passé depuis les hauteurs sûres de mon présent. J'ai désormais les moyens de gérer la douleur. L'adulte que je suis peut prendre soin de son enfant intérieur, lui prouver qu'il n'est plus seul ni paralysé.
- J'apprécie avec gratitude les forces dont je dispose, et les ressources que je peux puiser en moi et tout autour. J'espère pouvoir toujours compter sur elles, sans jamais les prendre pour acquises.
- Et après tout ce que j'ai vécu, j'accepte mon histoire et ce qu'elle a fait de moi. J'ai en moi ce courage, car, quoi que m'ait fait subir le passé, rien ne peut interrompre la course folle, incertaine et merveilleuse de ma vie.

Les parents ont toujours raison

L'obéissance tient parfois un rôle central dans notre éducation familiale ou religieuse. Nous comprenons désormais en tant qu'adultes – et peut-être même déjà à l'époque – qu'elle impose une domination, alors qu'une relation épanouissante repose sur le respect mutuel, un environnement qui nous apprend à penser par nous-mêmes tout en écoutant les autres. Or, quand l'amour que reçoit un enfant dépend de son degré d'obéissance, cet amour n'apparaît plus que comme une récompense, une gratification accordée par une personne dominante à une personne soumise.

L'amour authentique est un don, pas une faveur qui se mérite ou se gagne par docilité. L'obéissance aux règles que nous imposent nos parents pour nous protéger est nécessaire, pas la soumission aveugle par peur de la punition. Ce type de discipline n'a rien à faire dans un foyer bâti sur l'amour. Une famille aimante *autorisera* l'enfant à vivre ses propres expériences et à faire ses propres erreurs pour apprendre par lui-même à se contrôler, se limiter, se protéger et s'exprimer. Il ne sera pas jugé dans ses expériences ni moqué pour ses erreurs. Dans ce cadre, l'enfant apprendra non pas à obéir aveuglément aux adultes, mais à suivre les règles fixées par la société pour la liberté et la sécurité de tous (comme le Code de la route).

Les violences subies par le passé de la main d'une figure d'autorité nous fragilisent parfois encore dans le présent. Le traumatisme ne réside pas seulement dans la douleur des claques que nous donnait notre père. Il demeure surtout dans l'humiliation et le sentiment d'impuissance que ce geste faisait naître en nous. Il siège dans la douleur de s'être vu trahi par celui qui devait nous aimer. L'empreinte de ces émotions peut aujourd'hui encore nous rendre incapables d'esquiver les coups, de les rendre ou de crier : « Plus jamais ça ! » Nous sommes encore effrayés à l'idée de nous affirmer devant ceux qui ont le pouvoir. Trop intimidés, nous continuons à nous soumettre face à ceux qui nous briment. Ou, pire encore, nous devenons nous-mêmes des tyrans, agressifs et vindicatifs.

L'oppression qu'exerce sur nous la société nous empêche, avec la même violence, de réaliser les vœux des *Pères* fondateurs de l'Amérique : « Mais [...] il est de leur droit, il est de leur devoir de rejeter un tel gouvernement et de pourvoir, par de nouvelles garanties, à sa sécurité future. » Leurs mots nous incitent à tenir tête à ceux qui nous menacent au lieu de leur tendre la joue (sans oublier toutefois que ces mêmes hommes, aussi sages fussent-ils, étaient loin d'étendre leur définition de la liberté à toute la population, surtout non blanche).

Quand les personnes qui nous font du mal semblent nous aimer et que nous les aimons, nous en venons à penser que l'amour légitime la violence. « La personne qui m'aime a le droit de me faire du mal », se dit-on alors. Et cette fiction forgée dans l'enfance devient l'un des principaux freins nous empêchant, une fois grands, de quitter une situation défavorable. Si nous *choisissons* aujourd'hui de rester, c'est parce qu'autrefois, nous *n'avions pas d'autre choix*. Nous sommes prisonniers d'un anachronisme ! Et il faut bien de la compassion envers soi pour s'extraire de ce tourbillon d'émotions contradictoires.

Ceux d'entre nous qui ont été élevés dans le christianisme en sont peut-être venus à attribuer à la violence parentale une légitimité *divine*. C'est par la volonté de son père que le fils de Dieu s'est fait crucifier. On nous a appris que ce geste était non seulement juste, mais nécessaire à notre rédemption. Le crucifix nous rappelle l'ancestral privilège patriarcal : voilà ce qu'un père est autorisé à faire à son enfant. Il a fallu qu'un fils soit torturé et tué pour que nous accédions au salut. Et nous avons compris que nous étions nous aussi appelés à souffrir, que seule cette voie nous ouvrirait les portes du paradis. Il se peut également que nous ayons intégré – de façon moins consciente, mais tout aussi durable – que pour aimer un parent, il fallait accepter qu'il nous blesse. Ce type de raisonnement peut nous avoir été inculqué dans n'importe quelle famille ou société patriarcale.

Remarque personnelle

L'analyse d'une expérience ou d'un sentiment présents peut nous aider à lever le voile sur des éléments cruciaux, mais enfouis, de notre passé. Après tout, les souvenirs que l'on n'ose pas affronter ne nous laissent jamais vraiment en paix… Je vis en Californie, où s'épanouit une végétation particulière. De temps à autre, toutefois, je tombe sur une fleur poussant aussi dans le Connecticut, où j'ai grandi. Je m'approche alors pour humer ce lilas rare ou ce rosier grimpant, et soudain, mon ventre se noue et la même réminiscence olfactive surgit chaque fois. Je sais à ce moment-là que je ressens exactement ce que je ressentais dans mon enfance. L'émotion qui monte en moi n'était pas, à l'époque, liée aux fleurs ; elle imprégnait tout mon quotidien familial. Petit, je n'avais pas les mots pour nommer ce que j'éprouvais ni pour en désigner les coupables. Ce sentiment était là, un point c'est tout : pas d'origine ni de fin définies, juste une chape de nuages sur mon esprit, sans issue en vue… Aujourd'hui, je sais que je souffrais de dépression infantile. Je ne me souviens pas moi-même de ce mal-être, mais les lilas, eux, me le rappellent vivement. Et, comme mon corps, ils ne mentent jamais.

Pour conclure, rappelons qu'il ne faut pas se laisser décourager par ce que l'on exhume de son enfance. Peu importe ce que nous avons subi, ce que nous vivons et ce qui nous attend, notre capacité à aimer ne doit jamais nous quitter ni même faiblir. L'amour est la part la plus précieuse de notre être : il est indéfectible, infini, indissoluble. Il est notre essence même, le cœur de notre existence, notre identité la plus profonde. Sa présence, toujours mouvante, nous protège tout en nous exposant au monde. L'amour ne demande qu'à rayonner en nous et à travers nous, à tout moment, partout et pour tout le monde. Il ne demande qu'à être. Tout ce que nous avons à faire, c'est lui laisser la voie libre.

QUAND NOUS PRIVILÉGIONS LES SENTIMENTS DE SÉCURITÉ ET D'APPARTENANCE

Qu'elle est légère cette prison,
Comme ses barreaux moroses sont doux
— Emily Dickinson

Pour grandir, les oisillons ont besoin du confort rassurant des plumes de leurs parents. Puis, le moment venu, ils devront être poussés hors du nid pour prendre leur envol, puisqu'ils sont nés pour sillonner les cieux. Comme eux, nous ne pouvons nous épanouir que dans un habile mélange de confort et de mise à l'épreuve. Il est facile de s'enfermer dans une existence douillette, où le statu quo apparaît comme le plus sûr des refuges ; mais sans aucune épreuve à affronter, on ne vit somme toute qu'une moitié de vie.

L'être humain recherchera toujours la sécurité, la stabilité et le sentiment d'appartenance – des ambitions honorables, certes, mais dont le prix est trop élevé quand il implique de restreindre sa liberté d'expression et d'action. La plupart d'entre nous étant, finalement, peu habitués à être libres, nous nous rendons rarement compte de tout ce que nous sacrifions pour nous conformer aux exigences des autres. C'est la tragédie des chaînes que nous choisissons nous-mêmes ! Nous renonçons alors à un élément fondamental de notre humanité – la liberté – au profit du sentiment de sécurité. Et, à moins de penser que les principes de la Déclaration d'indépendance américaine ne sont bons que pour les autres, cela est trop cher payé.

Ce choix des chaînes, nous le faisons chaque fois que nous restons trop longtemps dans une situation qui ne nous convient pas. Dans le contexte du travail, par exemple, il peut nous paraître trop risqué de quitter un emploi qui consume pourtant toute notre énergie. Nous restons par peur de l'instabilité et de l'incertitude qu'engendrerait la rupture avec ce qui nous est familier. Nous associons l'habitude à la sécurité et, par ricochet, à l'immobilité. Il arrive même que nous continuions à travailler malgré le surmenage et l'épuisement constants.

La sécurité est aussi inhérente à la confiance. Un enfant a besoin de savoir qu'il peut et pourra toujours compter sur ses parents. En leur présence, il est rassuré, serein. Il sent qu'il est né au sein d'un monde digne de confiance. Cette fiabilité et cette constance protectrice sont des idéaux que nous poursuivons toute notre vie. Le problème, c'est que nous en venons à croire qu'elles peuvent dicter, et donc limiter, les choix que nous faisons dans nos relations, notre travail, nos engagements, etc. Nous payons ce prix qui nous semble raisonnable, puis nous nous posons la mauvaise question : « Pourquoi se plaindre ? » Jamais nous n'avons appris à sonder notre corps et notre esprit pour savoir si une situation nous convenait réellement. Nous avons été entraînés à nous satisfaire de ce qui *dure, et donc semble acceptable*. Résultat : nous assimilons, à tort, « durer » et « rester ».

Pourquoi le sentiment de sécurité est-il nécessaire à notre survie ? C'est d'abord parce qu'il nous permet d'accéder aux fonctions supérieures de notre cerveau. Nous faisons de meilleurs choix lorsque notre cortex préfrontal est aux commandes. Or, quand nous ne nous sentons pas en sécurité, c'est notre système limbique, impulsif et craintif qui tient les rênes. Quand nous avons confiance en notre environnement et dans les personnes qui nous entourent, nous analysons le monde de façon intelligente, ce qui nous permet de prendre les bonnes décisions. En revanche, si nous nous sentons vulnérables ou menacés, notre amygdale est en alerte. Cette partie de notre système limbique enregistre les souvenirs associés au danger ou à la douleur, et ne connaît que trois possibilités d'actions primitives : fuir, se battre ou se figer.

Certes, l'immobilisme a parfois du bon. Il peut même s'agir d'une stratégie de survie. Un animal qui fait le mort sauvera peut-être sa peau. Un homme des cavernes échappera peut-être aux prédateurs en se terrant sans bruit ni mouvement. De même, face à la violence, il arrive que notre corps et notre esprit se figent. Dans certains cas, nous nous détournons même de la situation par la dissociation : nous quittons en quelque sorte notre corps pour fuir vers un monde hermétique à la douleur. Ce refuge imaginaire, nous n'y accédons qu'en nous déconnectant de l'intolérable réalité que nous vivons. Nous apprenons à survivre *tout en* endurant la douleur sans bouger.

Il n'est pas rare de se figer sous l'effet de la panique, à l'idée d'opérer un changement majeur. Pourtant, que ce soit dans la vie intime, sociale ou professionnelle, il n'est pas nécessaire d'opérer de grands bouleversements : il suffit de faire un pas hors de la situation qui nous dessert – un pas vers l'inconnu qui, au lieu de nous plonger dans l'affolement, nous mènera vers l'émerveillement.

Le stress peut aussi nous conduire à mal interpréter les signaux non verbaux. Une personne à l'expression neutre peut alors nous sembler fâchée, et un visage aux traits harmonieux nous apparaître comme une promesse de bonheur. Nous projetons sur les autres les spéculations de notre amygdale plutôt que les déductions de notre cortex préfrontal. L'amygdale a deux credo : « s'emparer de ce qui est attrayant » et « fuir ce qui ne l'est pas », soit deux types d'énergies que le bouddhisme considère comme étant sources de souffrance. Le système limbique ne sait dire que « Je veux ça ! », quand ce n'est pas « Il me faut ça ! », un élan compulsif qui peut nous induire en erreur, car il sabote, de façon pernicieuse, notre liberté. Le cortex préfrontal, lui, raisonne en se disant : « Il vaudrait mieux… », nous offrant ainsi un temps de réflexion entre l'impulsion et l'action. Ce répit est notre seule chance de liberté. Si nous choisissons alors de suivre nos impulsions, ce sera après avoir distingué celles qui nous seront profitables de celles qui nous nuiraient. La possibilité de faire cette distinction est cruciale.

Dans le cas d'un traumatisme, l'incident vécu nous marque par son ampleur, mais aussi par la façon dont il nous implique. Les témoins directs des attentats du 11 septembre ont subi un choc plus profond que les personnes qui en ont entendu le récit à des milliers de kilomètres de là des jours plus tard. Ces dernières ont été émues, mais pas traumatisées.

Notre système limbique sonne parfois de fausses alertes quand nous nous sentons menacés ou apeurés. Notre hippocampe a beau nous signaler que ce que nous ressentons provient de notre passé et non d'un danger actuel, il ne pourra pas en convaincre l'amygdale. Cette partie de notre cerveau ne connaît ni passé ni futur : la mémoire traumatique est anachronique et traite le passé comme le présent. L'amygdale ne tenant pas de calendrier, la menace semble réelle et pressante. Nous réagissons au passé dans le présent, dans la peau de la personne que nous étions alors. En un mot : nous ne sommes pas encore prêts.

La pleine conscience peut nous aider, puisqu'elle implique le cortex préfrontal. Cette zone du cerveau capable de raisonner de façon posée et rationnelle peut, en effet, être activée de façon intentionnelle. C'est ce qu'il se passe lorsque, à travers la méditation, nous choisissons de laisser les pensées nous traverser plutôt que de nous y attarder. Cette pratique nous apprend à vivre le moment présent sans entraver ni nourrir aucune idée ni émotion. Puis, au fil des séances, le cortex relâchera son contrôle, et nous n'aurons plus besoin de l'activer délibérément. Nous deviendrons capables d'observer et de laisser couler nos pensées automatiquement. Nous aurons programmé dans notre cerveau une nouvelle façon de gérer les pensées et les événements. Les mêmes zones s'activeront, mais selon une nouvelle configuration. Ainsi, nous nous délivrons un peu plus des douleurs du passé. La pleine conscience a toujours un rôle à jouer sur la scène de la guérison.

Pratiquer la pleine conscience revient à se concentrer sur le seul temps qui compte : le présent. Alors, seulement, pouvons-nous entrevoir une quatrième option dans nos actions. En plus de fuir, de nous battre ou de nous figer, nous pouvons désormais *faire face* ; affronter nos peurs plutôt que de les combattre, de les éviter ou de les laisser nous paralyser. Pas à pas, nous nous redressons et regardons droit dans les yeux ce qui nous a si longtemps effrayés. Ce courage réside depuis toujours en nous. Et quand rien d'autre n'existe pour nous que le présent, le pouvoir anachronique du traumatisme perd de sa force.

Il n'y a alors plus aucune raison de lutter, de fuir ou de se figer. Bien sûr, certains traumatismes sont trop violents pour être affrontés directement, surtout sans le soutien d'un thérapeute, car leur charge émotionnelle est trop forte et durable. Toutefois, ce n'est pas une raison pour baisser les bras. Nous pouvons nous concentrer sur ce qui est à notre portée. Chaque pas dans ce sens est une victoire ; nul besoin de tout prendre à bras-le-corps, encore moins d'un seul coup. Il est possible de laisser certains aspects du traumatisme remonter de temps à autre pour les affronter une fois que nous sommes prêts. La pleine conscience nous aidera à les aborder sans honte ni jugement. *Accepter les choses, c'est les changer. S'accepter, c'est changer soi-même*.

Notre cocon de sécurité peut aussi être tissé d'inquiétudes liées à l'argent, à l'âge ou à la maladie. Conscients des avantages financiers que notre situation nous procure, nous optons pour l'immobilisme, afin de ne pas les perdre. Dans un couple qui bat de l'aile, si l'un des conjoints dépend financièrement de l'autre, il peut se sentir contraint de rester malgré tout. S'il entrevoyait la moindre issue favorable, il ferait ses valises sans hésiter. Il en va de même pour une personne qui n'aime pas son travail. Elle y va à reculons, n'y voit plus aucune stimulation, n'en retient plus rien d'exaltant, mais en retire un sentiment de sécurité. Son salaire lui permet de payer son loyer et de s'assurer un bon train de vie. Peut-être pense-t-elle aussi à la retraite ou à la mutuelle qui va avec. Quels qu'ils soient, ces arguments nous empêchent d'être prêts pour le changement.

L'âge entre également parfois en jeu. En vieillissant, certains changements peuvent paraître effrayants. On ne se sent plus capable de surmonter le stress qui accompagne un grand bouleversement, on s'imagine trop vieux pour passer à l'action. On reste alors dans un mariage, une maison, une religion ou une association, tout en y consacrant de moins en moins d'énergie. On y est sans y être. Cette stratégie nous donne l'illusion d'une porte de sortie hors de ce qui ne nous rend plus heureux, sans que nous ayons l'envie – ou la capacité – d'aller plus loin.

On peut également souffrir d'une maladie chronique que notre conjoint nous aide à surmonter, bien que l'on ne ressente plus d'amour pour lui. Cet arrangement nous paraît alors assez avantageux pour ne pas vouloir en changer. La passion n'est plus là, mais nous apprécions de pouvoir compter sur quelqu'un qui, loin de se plaindre, semble heureux de nous épauler. Nous n'avons pas l'impression d'abuser de l'autre, puisque nous entretenons un statu quo qui semble nous profiter à tous les deux. Cela étant, on peut se sentir coupable de tirer avantage de son temps, de ses efforts et de son dévouement, alors même qu'aucun d'entre nous ne s'épanouit plus dans cette relation. Hélas, faute d'entrevoir une meilleure solution, nous restons, car nous sommes convaincus qu'il n'y a pas d'autre option pour nous, que la situation présente est la plus sûre.

QUAND L'ADDICTION ET LA CODÉPENDANCE NOUS ENTRAVENT

Bien sûr, je reviendrai vers toi qui m'as le plus blessée.
— Dorothy Parker, « *I Shall Come Back* »

Notre immobilisme peut aussi être le fruit de la dépendance ou de la codépendance. On est dépendant lorsque l'on se repose sur les autres plus que sur ses propres capacités. La *dépendance* devient synonyme d'addiction quand on ne peut pas vivre sans la personne ou la chose auxquelles on est attaché. Quand elle porte sur l'alcool ou la drogue, elle se traduit par une envie irrésistible et continue, un besoin compulsif. On en veut toujours plus, mais on est de moins en moins satisfait. L'accoutumance nous pousse à vouloir des doses toujours plus fortes, nous entraînant dans une spirale dévastatrice.

Outre l'alcool et la drogue, l'addiction peut toucher les relations sociales, le sexe, le travail, la religion, l'appartenance à un groupe ou à une personne en particulier. On est attaché à quelqu'un ou à quelque chose dont on ne peut plus se séparer. On prend sa « dose » chaque fois qu'on est avec cette personne ou qu'on s'adonne à cette activité. On planifie sa vie autour de ces moments. Malgré tous nos efforts pour nous en sevrer, nous revenons toujours pour en demander plus. Et l'on n'en aura jamais assez, puisqu'on ne peut pas avoir « assez » de ce dont on n'a pas vraiment besoin. C'est ainsi que nous restons dans une relation ou une situation qui ne nous satisfont pas, voire nous nuisent. L'addiction est là : nous sommes obsédés par ce à quoi nous nous cramponnons et nous continuons à nous y agripper de façon compulsive.

Le plus souvent toutefois, c'est la *codépendance* qui nous pousse à rester quand ça ne va pas. À l'origine, ce mot décrivait le rôle du partenaire de la personne addict : « Mon conjoint est alcoolique ; je suis dépendant de mon besoin de cacher la situation aux autres. » Dans cette position, nous devenons nous-mêmes un rouage du cycle de l'addiction. C'est d'ailleurs pour cela que l'alcoolisme est considéré comme une maladie familiale. Consciemment ou inconsciemment, chacun se retrouve pris dans la spirale. Le codépendant participe alors au processus de dépendance. Aujourd'hui toutefois, on attribue au terme de « codépendance » un autre sens : le besoin compulsif de rester dans une relation qui a de moins en moins à nous offrir, mais dont on espère toujours plus.

Cette définition renvoie à une loyauté excessive, une persévérance extrême dans un engagement qui ne profite plus ni à l'autre ni à nous-mêmes. La persévérance est une vertu, mais elle peut aussi nous mener à nous épuiser en vain. La loyauté est, elle aussi, une vertu, mais elle nous enferme parfois dans une impasse. Elle induit une obligation morale dont se nourrit la codépendance, brouillant la frontière entre devoir et fardeau. Ne sachant plus distinguer l'un de l'autre, nous nous résignons alors : « Je dois rester, je n'ai pas d'autre choix. Je ne peux pas partir. » Dans une relation saine, en revanche, la loyauté n'exclut pas la fermeté ; elle nous incite à agir dans l'intérêt de notre épanouissement et de celui de l'autre.

Dans un contexte de harcèlement ou de violence, comme nous l'avons vu, un lien insidieux nous retient malgré la nécessité de partir. Il peut s'agir d'un lien de codépendance : le sentiment d'être *indispensable* à l'autre, notamment au sein de la famille. Il se peut que nous soyons fiers de ce rôle, qu'il nous fasse nous sentir importants, surtout quand il nous apparaît depuis toujours comme la seule façon d'exister aux yeux de nos proches. Cette position, bien que malsaine, nous confère un sentiment de sécurité et d'appartenance. C'est d'ailleurs sûrement la raison qui nous pousse à endosser si longtemps ce rôle ingrat. Nous n'envisageons pas d'autre option, et c'est bien normal : notre imagination est le prix à payer pour conserver notre place.

La pitié favorise également la codépendance en nous incitant à faire durer une relation qui a perdu de son attrait ou de son sel. Il arrive que l'on rechigne à démissionner parce que l'on craint pour l'avenir de ses collègues ; ou que l'on se sente obligé de rester dans un groupe ou un projet pour ne pas léser ceux qui resteraient. Malheureusement, la compassion et l'altruisme dont nous faisons alors preuve ne sont que partiels. Notre immobilisme est une démonstration de bonté envers les autres, mais pas envers nous-mêmes. Or, la pratique de l'amour bienveillant authentique implique de s'inclure soi-même autant que les autres.

La difficulté ici – comme dans chaque situation que l'on a du mal à quitter – est de réussir à opérer une *transition douce*. J'entends par là aller de l'avant en maintenant le lien avec ceux qu'on laisse derrière soi. « Je continuerai à t'aimer, mais je ne peux pas continuer à vivre avec toi » : à travers ce type de message, nous validons notre ressenti tout en nous souciant sincèrement de l'autre.

Nous devons toutefois être prudents dans notre rapport à la pitié. Elle nous rend sensibles aux souffrances de l'autre, au point même de les partager. Nous maintenons ainsi le lien avec cette personne parce qu'elle souffrirait de nous voir partir, mais également parce que nous souffririons de la voir dans un tel état. La peine de l'autre joue sur notre corde sensible et l'affection qui nous lie nous entrave. Dans une dynamique saine, chacun aiderait plutôt l'autre à affronter la réalité. Une relation ne s'épanouit pas dans l'illusion, mais dans l'authenticité. À l'inverse de la compassion, la pitié n'y a pas donc aucune place. La première nous empêche tous deux d'avancer ; la seconde nous galvanise.

Le tableau suivant vous aidera à distinguer l'une de l'autre.

PITIÉ	COMPASSION
C'est un état émotionnel.	C'est un sentiment authentique et une pratique spirituelle.
Je me sens supérieur à toi en raison des difficultés que tu traverses.	Je nous considère comme égaux, car nous traversons tous des périodes compliquées.
Je juge ta situation.	Je ne te juge pas, j'évalue tes besoins.
Je te mets dans une case.	Je respecte ton individualité.
Je me dis que je peux te contrôler.	Je soutiens ton indépendance.
Je garde mes distances.	Je suis à tes côtés.
Je te vois comme une victime impuissante et compte tout arranger pour toi. Je veux assurer ton bonheur.	Je compatis et suis prêt à te soutenir dans tes efforts pour t'en sortir. Je ne suis pas responsable de ton bonheur.
Je vois avant tout tes problèmes.	Je te vois, toi, en tant qu'individu.
Je m'inquiète pour toi, ce qui me pousse à prendre soin de toi.	Je m'inquiète pour toi et je t'aiderai à prendre soin de toi-même.
Je ferai tout ce que je peux pour t'éviter de souffrir davantage.	Je t'offre un espace de confiance où vivre tes émotions en toute sécurité.

PITIÉ	COMPASSION
Je me sens coupable quand je ne te mets pas au premier plan.	Je me soucie de ton bien-être, mais je sais que je dois fixer des limites et m'occuper aussi de moi-même.
Je te protège.	Je t'accompagne.
Je me focalise sur ta douleur personnelle.	Je cherche des façons de lutter contre les souffrances et les injustices de ce monde.
Je ne peux pas être heureux tant que tu ne l'es pas. Je pense tellement à toi que j'ai du mal à mener ma propre vie.	Je vois et comprends ta douleur, sans pour autant laisser ma sympathie pour toi me freiner dans ma vie.
Je me sens lié à toi.	Je te comprends.

Les cinq premières entrées de la colonne de gauche décrivent les principaux attributs négatifs de la codépendance.

On croit parfois qu'il faudrait toujours « aller jusqu'au bout des choses ». Je me souviens qu'adolescent, je me sentais obligé de terminer tous les livres que j'entamais, même les plus ennuyeux. Bien que trivial, cet exemple illustre bien les convictions qui peuvent nous retenir dans une dynamique qui ne nous sert plus. J'étais devenu codépendant d'auteurs barbants ! (Ne suivez pas mon exemple, et n'hésitez pas à refermer ce livre s'il ne vous apporte rien.)

Si nous repensions de façon plus équilibrée notre conception de la loyauté, cela donnerait plutôt cela : « Je reste dans une situation jusqu'à ce qu'elle ne me convienne plus. À ce moment-là, si cela me semble en valoir la peine, je fais tout ce qui est en mon pouvoir pour arranger les choses. Et si cela ne fonctionne pas, je renonce et vais de l'avant avec amour et sans jugement. »

La loyauté peut aussi être un moyen d'apaiser ceux qui nous brutalisent. Le syndrome de Stockholm désigne la tendance de certaines victimes à développer de la sympathie pour leur agresseur. Il arrive ainsi que, lorsqu'un ravisseur apporte à manger à son otage, ce dernier, prenant cela pour un acte de bonté, se mette à éprouver des sentiments positifs envers lui. À l'inverse, la victime cultivera des sentiments négatifs envers ceux qui la délivreront de son agresseur, tels la police ou les services sociaux. Elle se sentira si proche de son persécuteur qu'elle en viendra à haïr son sauveur ! Ce cheminement menant de la violence à la soumission, et pouvant aller jusqu'à la sympathie, a été observé chez d'autres primates. La formation de liens d'attachement pourrait donc bien être une stratégie naturelle de survie.

En fin de compte, le syndrome de Stockholm en dit long sur la confiance. La victime en vient à se fier à son ravisseur et à se méfier de ceux qui la sauveront. Ce phénomène n'est pas encore totalement expliqué, mais il montre bien que chacun d'entre nous peut finir par aimer la personne qui le blesse. « Aimez vos ennemis », ordonnait Jésus à ses disciples dans son Sermon sur la montagne. Seulement, ici, l'emprise psychologique remplace l'engagement spirituel. Martin Luther King s'est d'ailleurs un jour réjoui que le Christ n'ait pas dit : « Appréciez vos ennemis. » Le défi aurait été plus grand encore. Il est plus facile d'aimer quelqu'un que de l'apprécier. Aimer, c'est souhaiter ce qu'il y a de mieux pour l'autre (santé, joie, connaissance…) ; l'apprécier suppose d'être attiré ou charmé par sa personnalité, et cela ne se contrôle pas.

Comme tout traumatisme, le syndrome de Stockholm ne disparaît pas quand la vie reprend son cours. Il subsiste alors chez nous un état de stress post-traumatique, ou plutôt, comme je l'appelle, un état de stress traumatique *continu*. La souffrance a eu un début, mais n'a pas encore de fin. Quand la confusion et l'illusion ont trop duré, il faut du temps pour y voir clair de nouveau. Et cela vaut pour toutes les situations douloureuses dans lesquelles nous nous attardons : il faut du temps pour se reconstruire et retrouver son équilibre, comme la terre après un séisme.

La codépendance, avec ses hauts et ses bas, peut aussi s'expliquer par notre goût du *suspense*, élément clé d'un bon divertissement. Si l'on regarde un film jusqu'au bout, c'est parce que l'on est curieux d'en connaître la fin. Chaque scène est construite de façon à piquer notre intérêt pour la suite. Nous sommes comme « suspendus » dans l'incertitude ; nous attendons, scotchés, un dénouement que nous tentons de prévoir. Il est dans la nature humaine de chercher à anticiper les événements. Chapitre après chapitre, nous essayons de prédire notre histoire, et notre désir de découvrir ce qui va nous arriver nous rend moins à même de partir. Nous devenons fascinés par le suspense, parfois au point d'en devenir dépendants.

Dans une telle relation, notre partenaire devient une drogue. À ses côtés, nous attendons perpétuellement une nouvelle dose de péripéties. *Que va-t-il faire ? Quand réagira-t-elle ? Qu'est-il sur le point de se passer ? Quels changements vont se produire ?* Tout comme dans une salle de cinéma, nous restons spectateurs de notre vie. Cette fascination pour les histoires, l'incertitude, les retournements de situation… alimente la codépendance et nous empêche de partir. Ironiquement pourtant, *rester immobile nous éloigne*. Nous pensons chercher le rapprochement quand, en réalité, nous nous distançons de plus en plus.

La codépendance peut aussi toucher les relations familiales. Il est bien sûr légitime de s'inquiéter de la réaction de nos proches face à nos actions. C'est même là une preuve d'amour. Il est normal de vouloir respecter leur *timing* autant que le nôtre, et d'éviter de les surprendre avec une décision qui pourrait les faire souffrir. Ils doivent, eux aussi, être prêts pour ce changement. Nous devons prendre le temps de leur annoncer pour qu'ils l'acceptent sans douleur. Ainsi, nous pourrons agir pour nous-mêmes sans blesser ceux qui nous entourent. Il ne s'agit pas d'une manœuvre de procrastination, mais de respect, tout simplement.

Toutefois, dans une relation codépendante, nous en venons à croire que nous ne pourrons jamais partir tant que notre conjoint ne l'aura pas accepté ni agir tant que notre famille n'approuvera pas notre choix. Dans ces cas-là, ce n'est pas le respect qui nous motive, mais l'immobilisme. C'est pourquoi nous devons nous interroger : sommes-nous réellement inquiets pour les autres, ou n'est-ce là qu'un prétexte pour ne rien faire ?

Voici une liste de signes de codépendance :

- J'attends le changement plutôt que de le provoquer.
- Je ne pose aucune limite pour me protéger physiquement ou émotionnellement des autres.
- J'attends tout de personnes qui ne peuvent – ou ne veulent – rien me donner.
- Je me sens redevable d'une personne qui ne m'apporte rien ou presque, et ne montre pas la moindre gratitude pour mes actions.
- J'agis par obligation morale, et non par choix.
- Je dépends tellement de mon conjoint, de mon emploi ou du groupe auquel j'appartiens que je crains de m'effondrer si jamais je le quittais.
- Je reviens constamment à la même source aride, avec un seau chaque fois plus grand.
- J'en espère toujours plus, alors que j'en reçois de moins en moins.

- Malgré les souffrances et la déception, je ne bouge pas d'un pouce. (La codépendance a l'étrange faculté de nous convaincre de la *nécessité* de notre statut de victime.)
- Je n'ai jamais demandé à l'autre de réparer le mal qu'il m'a fait, puisque je ne le tiens jamais pour responsable de rien.
- J'utilise l'amour comme prétexte pour justifier mon immobilisme, avec des phrases comme : « Il me fait souffrir, mais il m'aime ! », « Peu importe puisque je l'aime ! » (Sauf que l'amour véritable doit être bénéfique à toutes les parties.)
- Je confonds l'amour et la tendresse née de l'habitude. La solidité de mon attachement pour l'autre me fait croire que je l'aime. (Or, ce sentiment nous enlise, alors que l'amour véritable ne nous empêche jamais d'avancer.)
- Je me laisse entièrement guider par ma peur de la perte et de l'abandon. Elle me pousse à me dévouer toujours plus pour l'autre, de façon obsessive et excessive. En y regardant de plus près, mes seules motivations sont la peur de la solitude et le manque de confiance en mon indépendance.
- Je ne trouverai jamais mieux ! (De toutes les raisons qui nous poussent à rester dans une relation de codépendance, voilà sûrement la plus triste : nous craignons de ne jamais trouver de meilleur conjoint, travail, groupe ou situation. Nous pensons ne pas mériter mieux que notre vie actuelle, malgré tous ses défauts.)
- J'ai vécu dans l'enfance un abandon qui me pousse à tout accepter pour garder l'autre auprès de moi.
- J'ai peur de n'être plus personne sans l'autre, et je le lui dis pour le convaincre de ne pas me quitter.
- J'ai sans cesse déménagé dans l'enfance, et aujourd'hui, je confonds immobilisme et stabilité.

- Je n'arrive pas à voir que le rejet est « un mal pour un bien ». (Quand une porte se ferme, bien d'autres s'ouvrent à nous. Ne serait-ce pas la peur qui nous empêche de les voir derrière les pensées qui nous embrument et nous paralysent ?)
- Je m'attache à ma relation parce que je ne vois pas la différence entre une personne qui désire réellement être *avec moi* et quelqu'un qui ne veut pas vivre *sans moi*. (L'attitude de l'autre semble pourtant nous dire : « Je ne veux pas te soutenir, mais je ne veux pas non plus te laisser partir. »)
- Je suis déterminé à continuer à faire tout mon possible pour l'autre, au-delà de ce qui est raisonnable. Malgré tous mes efforts, je m'en veux toujours de ne pas en faire plus, même quand je me démène plus qu'il ne le faudrait.
- Je veux à tout prix offrir à mes enfants l'avenir que j'imagine pour eux. Je ne les laisse pas tracer leur propre chemin, car je veux leur éviter « les maux du cœur et les mille tortures naturelles qui sont le legs de la chair ». Je veux sans cesse intervenir pour les protéger de tout.
- Quand quelqu'un ne m'apprécie pas ou est désagréable avec moi, je me dis que j'ai dû faire quelque chose de mal. Cela provoque en moi non pas de l'indignation, mais de la honte, et je me plie alors en quatre pour faire plaisir à cette personne au lieu de lui exprimer mon mécontentement.
- Je fais tout pour éviter de ressentir de la culpabilité. Comme ça, je peux me dire : « Je ne suis peut-être pas heureux, mais au moins, j'ai la conscience tranquille. »
- Je n'arrive pas à me pardonner mes erreurs passées, même quand j'ai réparé mes torts. J'ai conscience de ne pas pouvoir modifier le passé, mais j'ai l'impression de devoir en payer le prix pour le restant de mes jours.

- La personne que je couve de toutes mes attentions a fini par trouver naturel que je me sacrifie pour elle. Et quand elle me reproche de ne pas en faire assez alors que je lui donne tout, j'en viens moi aussi à m'en vouloir.
- Quand on me demande de l'aide, j'ai du mal à dire : « Je ne peux pas t'aider, mais je peux t'indiquer une personne compétente. » J'infantilise l'autre en le couvant à l'extrême.
- J'ai l'impression qu'il serait égoïste ou ingrat de ma part d'exprimer mes besoins, car c'est à moi d'assouvir ceux de l'autre et non l'inverse.
- Je ne me sens pas heureux tant que l'autre ne l'est pas, et c'est ma faute s'il ne l'est pas.

Il est bien sûr possible de se libérer de la codépendance. Beaucoup y arrivent avec l'aide des programmes d'entraide en douze étapes des Codépendants Anonymes ou d'Al-Anon, qui aident l'entourage des personnes alcooliques. Suivre une psychothérapie, travailler sur soi ou tenir un journal peut aussi s'avérer utile. Parfois, c'est dans la spiritualité que nous trouvons la guérison, car elle nous donne à voir un pouvoir plus puissant que celui de notre ego – le créateur secret de notre codépendance. Après avoir compté trop longtemps sur nos propres efforts, nous devons comprendre que le bien-être de notre conjoint ou collègue échappe à notre contrôle, et donc dépasse notre ego. Voici quelques pistes pour nous y aider :

- Apprendre à lâcher prise avec bienveillance grâce à un programme.
- Redéfinir l'amour non pas comme un total abandon de soi, mais comme un partage.
- Prendre conscience que les responsabilités que nous avons endossées nous paralysent. Trouver des moyens

acceptables de s'impliquer dans une relation sans en faire une obsession ou une obligation. S'engager pleinement, mais pas au point de sacrifier nos propres limites ou besoins.

- Se libérer de la culpabilité de ne pas en faire assez.
- Fixer ses limites et exiger qu'elles soient respectées.
- Demander à l'autre d'évoluer et de guérir avec nous au lieu d'attendre que le changement ne vienne que de nous.
- Accepter le fait que certaines personnes ont du mal à changer, sans pour autant leur tourner le dos. Cela ne doit pas nous pousser à nous épuiser davantage, mais nous inciter à nous résigner et à nous tenir prêts au cas où.
- Associer la psychothérapie à un programme en plusieurs étapes est la voie royale pour sortir de la codépendance.

Pour finir, je partagerai avec vous un bel exemple de synchronicité. Hier soir, je regardais un documentaire sur l'évêque guatémaltèque Juan José Gerardi, assassiné en 1998 pour son engagement humanitaire. Une fois le film terminé, je me suis senti honteux de mener une vie confortable d'écrivain et de professeur à Santa Barbara, au lieu de mener des combats héroïques. Alors que je me flagellais ainsi, je me suis pourtant rappelé que j'aidais moi aussi les autres, mais qu'une petite voix en moi ne pouvait s'empêcher de critiquer et de rabaisser mon travail en le comparant à celui de héros, de martyrs et de saints.

Je me suis réveillé ce matin avec ces réflexions en tête, et quand j'ai allumé mon ordinateur, je suis tout de suite tombé sur un article portant sur le « vœu de stabilité ». Dans les traditions monastiques, chrétienne, hindouiste ou bouddhiste, certains font un vœu de « stabilité de lieu ». Ils s'engagent à ne jamais plus quitter la communauté dans laquelle ils ont choisi de vivre. Pour eux, l'immobilisme est une pratique spirituelle ! Leur foi leur dicte que *ce n'est que là où l'on se trouve que l'on peut atteindre l'éveil ou le salut.* Quelques instants plus tard, c'est une citation du psychologue néerlandais Han F. de Wit qui s'est présentée à moi : « Voici ce que je vis, et c'est sur cette situation que je veux travailler, quelle que soit la façon dont elle évolue. » J'ai été frappé par l'exactitude et la profondeur avec laquelle ces mots faisaient écho à mes ruminations de la nuit. J'ai vu cette phrase comme une invitation à apprécier mon travail et ma vie tels qu'ils sont. Ce n'est qu'en étant reconnaissant de tout ce que l'on a (et que l'on partage) que l'on peut arrêter de se lamenter sur ce qui nous manque.

Nous nous questionnons tous sur les expériences que nous vivons et sur ce qu'elles nous apportent. Parfois, cela nous fait prendre conscience que la situation dans laquelle nous restons ne nous apporte rien ou pas assez. D'autres fois, comme dans mon anecdote, nous découvrons qu'elle nous apporte en fait ce dont nous avons besoin. Nous pouvons alors nous apaiser et laisser place à la satisfaction. Dans le prochain chapitre, je tâcherai de vous montrer comment y arriver, quelles que soient les difficultés que vous traversez ou le zèle avec lequel vous vous acharnez à tout endurer le plus longtemps possible.

DEUX

Ce qui nous aide à avancer

Si longtemps accablé
par des tabous étouffants
J'ondoie désormais
tel un bambou dans le vent.

DANS LE CHAPITRE 1, nous avons découvert comment et pourquoi nous nous retrouvons coincés dans certaines situations. Dans cette deuxième partie, nous verrons comment nous en libérer pour tracer notre propre voie.

Un élément déclencheur peut tout à coup nous conduire à quitter une personne ou une situation. Quand les difficultés, devenues trop pesantes, font voler en éclat nos réticences, nous nous lançons dans l'inconnu en oubliant toute peur. L'inverse est également possible. Il arrive que les choses ne s'enveniment pas assez pour nous pousser à partir. Les circonstances, désespérément médiocres et monotones, traînent en longueur et nous enlisent avec elles. *La situation ne s'améliorera jamais au point de nous donner envie de rester, et ne se dégradera pas assez pour nous faire partir.* Nous avons atteint un point d'équilibre dangereusement ambivalent et, comme nous l'avons vu, à long terme, l'ambivalence peut être source de souffrances et d'oppression…

Heureusement, nous savons maintenant que nous ne sommes pas obligés de la subir. Nous pouvons puiser, dans différentes pratiques ainsi que dans nos ressources intérieures, la force de nous extraire d'un tel marasme. C'est ce que nous verrons dans les prochaines pages.

Si l'on a peur de tomber, le plus sûr est de sauter.
— Carl Jung

TROUVER LA SÉCURITÉ EN NOUS

Comment se tenir droit
Dans ce monde vacillant ?

Lorsque l'on ne se sent pas en sécurité, on craint de ne pas pouvoir faire face à ce que la vie nous réserve. La peur peut alors nous pousser à vouloir tout maîtriser, alors qu'il faudrait, au contraire, accepter les circonstances pour y trouver notre équilibre. En misant sur nos ressources intérieures, nous pouvons réagir aux coups du sort, c'est-à-dire déjouer la peur, et faire tout notre possible pour surmonter les difficultés et en sortir grandi. L'objectif est de faire au mieux avec ce que le destin nous donne.

Dans cette dynamique, nous n'avons plus à redouter que notre vie s'effondre si nous baissons notre garde et choisissons, au contraire, d'accepter purement et simplement la réalité. Dire « oui » à la réalité, c'est se libérer de l'étau de la peur et de son jumeau, le besoin de contrôle. Ce dernier devient inutile, et nous apparaît enfin comme le tigre de papier qu'il est. Les bras ouverts, nous ne demandons plus à être dispensés des occasionnels moments de fragilité et de déception que nous apporte la vie.

Dans la même veine, nous sommes nombreux à attribuer à notre sentiment d'impuissance une valeur irréfutable. La peur est une émotion qui ne représente pas nécessairement la réalité. L'impuissance est un sentiment qui n'a pas toujours de fondement. En ne distinguant pas ce que nous ressentons de ce qui est réel, nous nous figurons être au pied du mur, sans options ni ressources. Et, les années passant, nous ne voyons plus d'autre solution pour survivre que de chercher à contrôler les autres et les événements.

Il existe aussi une différence cruciale entre *pouvoir* et *contrôle*. Le premier désigne le droit et la faculté de faire des choix qui pourraient affecter les autres. Le second est la domination que l'on exerce sur les autres par la force ou la contrainte. En contrôlant les autres, on pense pouvoir asseoir notre pouvoir personnel, mais nous n'établissons que notre domination. Le véritable pouvoir, lui, s'obtient par la voie de l'égalité, en s'affranchissant justement du besoin de contrôle. Quelle ironie de voir tant de personnes s'imaginer que c'est en contrôlant la vie des autres qu'elles acquerront le pouvoir qui les guérira de leur vulnérabilité ! Cet effort désespéré (et futile) est en fait la plus grande preuve de leur impuissance. Cela revient à tyranniser les autres de la même façon que la peur nous a autrefois tyrannisés. Pour ne plus se sentir vulnérable, la seule arme efficace est d'oublier les mensonges que l'on se raconte sur soi. La vérité est que nous sommes ou pouvons être impuissants ; l'idée que le contrôle nous rendrait tout-puissants et maîtres de notre vie est un mensonge. Nous nous sentons tous, à un moment ou à un autre, vulnérables, et nous le sommes en effet parfois. La soif de contrôle n'est pas la solution. Le véritable remède consiste à accepter les hauts et les bas qui font l'existence et, lorsque l'on est à terre, à se relever pour repartir de plus belle. Œuvrer pour se restabiliser et se reconstruire, voilà la clé. Inutile de craindre l'impuissance ; elle peut, au contraire, nous ouvrir la porte de nos pouvoirs.

En fin de compte, avoir peur de perdre le contrôle revient à rejeter sa vulnérabilité, à fuir la tristesse et à douter de soi. C'est en travaillant sur ces trois points que nous pourrons développer une relation saine à notre pouvoir personnel. Étudions chacun de plus près :

LA VULNÉRABILITÉ : Lorsque l'on s'attache à tout contrôler, c'est en partie pour se protéger de toute souffrance. Nous interprétons la vulnérabilité comme un renoncement, une soumission au pouvoir des autres, alors qu'il suffirait de l'accepter pour ce qu'elle est : la preuve que nous avons tous des moments de fragilité, et qu'il n'y a pas à en faire toute une affaire !

LE CHAGRIN : Nous savons très bien que le fait de ne pas obtenir ce que nous voulons nous rend tristes. C'est pourquoi, pour nous éviter cette déception, nous cherchons à tout maîtriser. Pourtant, au lieu d'étouffer en nous ce chagrin, nous pouvons apprendre à l'accepter, pour enfin le voir comme une force plutôt qu'un échec.

LE DOUTE DE SOI : Il arrive que nous redoutions d'assumer notre autonomie, la capacité et le droit que nous avons de vivre selon nos propres besoins, valeurs et désirs. Nous craignons alors de ne pas pouvoir nous en sortir seuls, en dehors de la relation ou du statut qui nous a définis jusque-là ; l'idée de nous exposer à l'inattendu ou de nous aventurer sur des terrains inconnus nous terrifie. Certains, atteints du « syndrome de l'imposteur », sont même convaincus d'être des incapables, malgré leurs accomplissements et toutes les preuves de leurs compétences. Développer notre confiance en nous est donc essentiel pour sortir du marasme qu'est l'immobilisme, et ainsi dissiper nos doutes.

Albert Camus a écrit ces mots encourageants : « Au milieu de l'hiver, j'apprenais enfin qu'il y avait en moi un été invincible. » Cette citation me réchauffe le cœur, car elle nous dit que le monde a beau nous bousculer, il y a en nous une force plus grande encore et meilleure, capable de résister. Cette force est une preuve de notre courage. Quand la peur cherche à prendre le dessus, nous lui rétorquons : « Attends un peu ! Je sais que je suis plus fort que ce que mon esprit meurtri veut me faire croire. » Cette confiance pleine de bravoure nous révèle que nous pouvons puiser un sentiment de sécurité en nous-mêmes, et non uniquement dans nos relations aux autres.

Dès la petite enfance, l'être humain entame un processus essentiel de séparation et d'individuation, en relevant peu à peu ses parents de leurs fonctions : nous nous mettons à ramper pour ne plus avoir besoin d'être portés partout, puis nous apprenons à nouer nos lacets nous-mêmes, à nous nourrir, à nous vêtir, à nous tenir sages. Ce processus nous a préparés à passer de la dépendance à l'autonomie, jusqu'à atteindre l'interdépendance.

Une famille saine nous donnera des bases solides, un tremplin vers la vie. Elle nous offrira aussi un refuge où trouver, à chaque étape de notre existence, l'étreinte de bras aimants. Souvenez-vous de la métaphore des oisillons qui ne peuvent s'élancer vers les cieux que parce qu'ils ont d'abord été choyés et nourris. Il n'est jamais profitable, pour un adulte capable de bâtir sa propre vie, de rester chez ses parents, ni pour ces derniers de couver leur enfant au lieu de l'aider à prendre son envol. Ils sont alors complices de son immobilisme. Cela étant, même pleinement autonome, l'être humain ne peut se défaire de son besoin de sécurité. Et pour l'assouvir, il n'hésitera pas à s'exposer à la douleur. C'est ce qui arrive lorsque nous perdons confiance en nos ressources intérieures. Quand nous ne trouvons pas en nous les capacités ni le sentiment de sécurité dont nous avons besoin, le risque est de s'en remettre entièrement aux autres. Nous devenons alors incapables d'agir par nous-mêmes et nous exposons à bien des souffrances.

Remarquons que les raisons qui nous font rester dans les situations qui ne nous servent pas sont toujours, d'une façon ou d'une autre, fondées sur des raisonnements erronés dont se convainc notre esprit. Nous faisons coïncider deux réalités qui n'ont pas à être associées. Ainsi, comme nous l'avons vu plus tôt, certains d'entre nous assimilent leur capacité à endurer la douleur à une forme de réussite, la souffrance à l'amour, la présence des autres avec la sécurité, l'immobilisme à la loyauté. Pourtant, il pourrait en être autrement. Nous pouvons déconstruire les raisonnements qui ne favorisent pas notre épanouissement. Nous nous y sommes même déjà exercés : en tant qu'adultes soucieux de notre santé, nous avons appris à briser la relation que notre esprit avait pu établir entre nicotine et nécessité, malbouffe et plaisir, beauté physique et passion.

Dans un modèle d'éducation saine, les parents ne cherchent pas à faire entrer leur enfant dans un moule préconçu. Ils se réjouissent, au contraire, de le voir se développer à sa façon. Malheureusement, nous n'avons pas tous grandi ainsi et, dans certaines familles, il nous a fallu renier notre personnalité pour nous sentir acceptés par nos parents. Ayant intégré ce nouveau raisonnement faussé, nous nous sentons obligés, une fois adultes, de nous conformer aux besoins et aux attentes des autres. Les inquiétudes de l'enfance nous quittant rarement, nous survalorisons aujourd'hui encore le regard des autres. Nous sommes convaincus que nous devons nous faire accepter si nous voulons un jour être aimés. Nous cherchons désespérément l'approbation des autres, quitte à l'attendre bien trop longtemps ou, dans certains cas, à y subordonner notre sexualité ou notre autonomie.

Nous ne pouvons pas nous en vouloir. Les carences de l'enfance créent naturellement en nous des déséquilibres. Nous développons une soif insatiable pour ce qui nous a manqué autrefois. Ce qui nous obsède aujourd'hui révèle un besoin jamais assouvi. En fait, nous pouvons identifier les besoins insatisfaits dans notre enfance en observant ceux qui nous obnubilent aujourd'hui, au point que rien ne semble pouvoir les satisfaire. Cette sensation de manque perpétuel trahit notre histoire. Nous en voulons toujours plus sans en avoir jamais assez, ce qui nous entraîne à faire des choix parfois néfastes. Heureusement, il existe une solution : faire le deuil de l'approbation que nous n'avons pas reçue dans l'enfance, et chercher de nouvelles façons, plus saines, de la trouver en nous, puis chez les autres. Pour cela, nous devons intégrer l'idée que certaines personnes nous acceptent tandis que d'autres ne le feront jamais, et que, dans les deux cas, il nous est possible de survivre et même de nous épanouir. Nous devons nous réconcilier avec les manques subis plutôt que leur chercher un substitut à tout prix.

Une soif excessive peut nous faire voir une oasis là où il n'y a qu'un mirage. Un désir ardent nous trompera de la même façon, en nous faisant miroiter le bonheur dans un objet extérieur. Aveuglés, nous serons convaincus que ce dont nous avons besoin se trouve ailleurs, et non en nous. Il est aussi courant de se laisser berner par des désirs que nous n'avons pas les moyens d'assouvir, tels des puits sans fonds qu'il est impossible de remplir. Nous commettons tous ces erreurs, il n'y a pas de honte à avoir.

La solution est simple : repérer les moments où l'on pense ne pouvoir trouver satisfaction que dans le monde *extérieur*, puis se recentrer sur soi en se promettant : « Je me fierai d'abord à ce que j'ai à l'*intérieur*. » Si, plus tard, nous voulons compléter ce qui se trouve à l'« intérieur », par exemple avec une relation amoureuse, nous choisirons le ou la candidate avec soin. Cette personne devra nous tendre un miroir vers nos ressources intérieures, les apprécier à leur juste valeur et être prête à nous aider à les cultiver. Elle ne considérera pas que nous avons eu de la chance de la rencontrer ; sa présence dans notre vie ne sera pas le fruit d'un besoin, mais d'une évidence, une création spontanée.

À la lecture des paragraphes précédents, nous pouvons établir une distinction entre le *besoin sain* et le *manque excessif* d'affection. Le tableau suivant vous aidera à les différencier. Chaque ligne décrit deux situations extrêmes, mais il est possible de se trouver entre les deux. En outre, il arrive que, même en menant une vie équilibrée, nous ressentions, à certains moments de notre vie, un grand manque d'affection. Enfin, il est aussi possible de paraître en manque d'attention sans l'être réellement. Les personnes avec lesquelles nous interagissons au quotidien peuvent nous aider à tirer ce sentiment au clair.

La différence entre le besoin sain et le manque excessif

On peut définir un besoin sain comme une condition nécessaire à l'épanouissement d'une relation ou à la réussite d'un projet. Le manque excessif se résume à une nécessité constance et extrême d'attention et de réconfort.

UNE PERSONNE AUX BESOINS SAINS...	UNE PERSONNE EN MANQUE EXCESSIF...
Apparaît à l'autre comme étant chaleureuse et ouverte d'esprit.	Apparaît à l'autre comme étant très exigeante.
Se satisfait de voir, de temps à autre, certains de ses désirs comblés.	Doit être satisfaite en permanence et en veut toujours plus.

UNE PERSONNE AUX BESOINS SAINS…	UNE PERSONNE EN MANQUE EXCESSIF…
Lorsqu'elle fait part de ses besoins à l'autre, accepte toutes ses réactions, même le refus.	A peur ou se sent rejetée quand l'autre ne réagit pas comme attendu.
Est capable de faire confiance à ceux qui le mérite.	Ne peut jamais se fier entièrement à quiconque.
N'essaye pas d'obtenir aujourd'hui des autres ce qui lui a manqué dans l'enfance.	Essaye d'obtenir aujourd'hui des autres ce qui lui a manqué dans l'enfance.
A des ressources intérieures sur lesquelles compter en cas de coup dur.	Cherche chez l'autre les ressources intérieures qui lui font défaut ; n'est pas autonome et n'est pas capable de se reconstruire seule pour prendre un nouveau départ.
S'occupe de son développement et de son équilibre.	N'est pas capable d'assurer elle-même son développement et son équilibre.
Est indépendante et aspire à l'interdépendance.	Est excessivement dépendante.
Noue des relations pour s'enrichir humainement.	Noue des relations pour survivre.
N'a pas besoin d'être constamment rassurée.	A besoin d'être constamment rassurée.
Ne redoute pas d'être seule.	Ne supporte pas de rester seule trop longtemps.

UNE PERSONNE AUX BESOINS SAINS…	UNE PERSONNE EN MANQUE EXCESSIF…
Respecte le fait que l'autre ait parfois besoin d'espace ou de moments de solitude.	Ne supporte pas de laisser l'autre seul ou d'en être séparée.
Se languit de l'autre sans pour autant le contacter.	Ne tolère pas l'absence de l'autre.
Vit bien les périodes durant lesquelles l'autre est absent.	Prend chaque période d'absence comme un abandon.
Reste en contact, mais pas de façon impatiente ou envahissante ; sans écrire ni appeler trop souvent.	Doit être en contact constant avec l'autre ; appelle ou écrit toute la journée, parfois jusqu'au harcèlement.
Ne cherche pas à savoir où se trouve l'autre à tout moment du jour ou de la nuit.	Doit savoir où se trouve l'autre à tout moment du jour ou de la nuit.
Tient à l'autre.	Se cramponne à l'autre.
Demande, de temps à autre, des câlins et des signes de tendresse.	Exige un contact physique et des signes d'attention constants.
Aime avoir des rapports sexuels autant désirés par l'un que par l'autre.	Désire des rapports sexuels plus fréquents que de raison.
Respecte les limites des autres.	Méprise les limites des autres.
Peut se contenter d'un niveau d'attention modéré.	Exige d'être au centre de l'attention et n'envisage pas de partager la vedette.

UNE PERSONNE AUX BESOINS SAINS…	UNE PERSONNE EN MANQUE EXCESSIF…
Exprime ses besoins avec assurance ; sur le ton de la demande.	Exprime ses besoins avec agressivité : sur le ton de l'exigence.
Se réjouit que l'autre ait un cercle d'amis.	Voit les amis de l'autre comme des rivaux et les suspecte peut-être même de vouloir l'évincer.
Peut supporter le fait que l'autre ait un lien spécial avec certains amis.	Réagit avec une jalousie paranoïaque.
Ne se vexe pas facilement.	Se vexe pour un rien.
Garde la tête haute.	S'appuie sur l'autre.
Est prêt pour une relation intime authentique	Devra travailler sur elle-même avant de pouvoir bâtir une relation.

Je viendrai vers toi, mon ami, lorsque je n'aurai plus besoin de toi. Alors, tu trouveras un palais, non un hospice.
— Henry David Thoreau

LEVER LE VOILE SUR NOS ILLUSIONS

Nous nous leurrons parfois en nous convainquant que tout va bien quand, en réalité, rien ne va. Nous nous berçons d'illusions en voyant de l'espoir là où il n'y en a manifestement pas. Nous imaginons qu'une relation va s'améliorer, alors qu'il ne s'agit que d'un vœu pieux… Cela nous arrive à tous, il n'y a rien de plus humain.

Comme nous l'avons déjà évoqué, l'être humain rechigne à acquérir un savoir qui pourrait le blesser, ou à agir quand cela pourrait lui nuire. Ce qui nous retient n'est pas la lâcheté, mais le bon sens. Notre psyché cherche avant tout à nous protéger. Car ce n'est qu'une fois en sécurité que nous pouvons affronter, assimiler et résoudre nos problèmes.

Il arrive que nous ne soyons pas prêts à accepter la réalité, mais que notre corps, lui, ressente la peur, la colère ou la frustration qui nous habitent. Nous avons alors tout à gagner à admettre cette douleur, et à la partager avec une personne de confiance et de bon conseil. Cela nous aidera à porter un regard plus lucide sur notre situation intime, professionnelle ou sociale.

Afin de savoir si nous nous leurrons ou non, nous pouvons confronter notre expérience à la liste des cinq *A*, qui fait référence aux cinq composantes d'une relation saine et épanouissante : l'attention, l'affection, l'appréciation, l'acceptation et l'autorisation. Ces éléments devant être partagés par les deux parties, nous devons donc demander si notre relation remplit tous ces critères :

ATTENTION : Chacun fait preuve de prévenance envers l'autre, s'intéresse à ses sentiments, à ses besoins et à ses questionnements. Nous nous écoutons sincèrement et mutuellement. Nous savons lire entre les lignes quand l'un de nous traverse une mauvaise passe.

AFFECTION : Chacun manifeste son affection pour l'autre, conformément à la nature de la relation. Dans une relation intime, cela se traduira notamment par des relations sexuelles ou d'autres formes de tendresse physique. Entre collègues ou dans une relation commerciale, cela ne passera pas par un contact physique, mais par la gentillesse et le soutien émotionnel.

APPRÉCIATION : Nous nous témoignons une gratitude mutuelle et ne prenons pas la présence de l'autre pour acquise. Nous l'estimons et apprécions ce qui fait son individualité. Nous sommes liés, mais acceptons notre indépendance respective.

ACCEPTATION : Nous nous acceptons tels que nous sommes, avec nos limites. Cela signifie que nous accueillons l'autre dans notre cœur, avec ses parts d'ombre comme de lumière. Nous ne le jugeons pas. En agissant ainsi en pleine conscience, nous faisons de l'acceptation une pratique spirituelle.

AUTORISATION : Nous ne restreignons pas l'autre dans sa recherche de ce qu'est pour lui le bonheur. Nous nous soutenons l'un l'autre dans notre autonomie, et ne nous demandons pas l'autorisation d'être libres. Nous reconnaissons et saluons la liberté de l'autre, à l'opposé du contrôle et de l'ingérence. Dans le domaine émotionnel, nous autorisons l'autre à exprimer à sa façon tout le spectre des sentiments humains.

Lorsque nous nous sentons aimés – c'est-à-dire, quand nous recevons les cinq *A* –, nous nous sentons en sécurité. Pour cela, il nous faut un environnement rassurant, des liens d'attachement sûrs. Ainsi, quand nous traverserons des moments difficiles, nous pouvons les surmonter et nous relever grâce aux cinq *A* que nous apportent ceux qui nous entourent : « Je cherche des fragments de ma personne, égarés ou réprimés, et ton amour m'aide à les retrouver. »

Telle une signature, les cinq *A* sont propres à chaque personne. Il n'en existe pas de standard ni de modèle unique, chaque *A* doit être ajusté pour correspondre à la façon dont notre partenaire peut et veut le recevoir. Matt exprime son affection à Betty exactement comme il l'a toujours fait avec les autres femmes. Or, Betty veut un témoignage d'affection personnalisé, sa propre ligne de caresses et de mots doux. Et il en va de même pour les quatre autres *A* dans n'importe quelle relation intime. Matt et Betty attendent tous les deux des marques d'attention, d'appréciation, d'acceptation et d'autorisation *correspondant à leurs besoins et à leur idée* de ces concepts – pas du prêt-à-porter, mais du sur-mesure. Bien sûr, il revient à chacun de communiquer à l'autre sa vision de la chose. Il faut aussi pouvoir et vouloir aimer quelqu'un de façon unique – autrement, il n'y a pas d'amour. Nous voyons bien ici à quel point il est crucial d'être et de se sentir prêt. (En matière d'amour, le partenaire recherché doit être déjà prêt – ou en train de se préparer – à s'ouvrir à l'intimité et à l'engagement.)

L'intimité se crée quand plusieurs personnes partagent à un même moment les cinq *A* :

- *Je sais que tu m'aimes parce que tu m'offres les cinq A : attention, affection, appréciation, acceptation, autorisation.*
- *Je sais que je t'aime parce que je te les offre.*
- *En les recevant, nous nous sentons aimés.*
- *En les donnant, nous exprimons notre amour.*

Un enfant a en permanence besoin des cinq *A*. Un adulte n'en a besoin *que dans une certaine mesure, une partie du temps seulement*. Cette modération est le signe que nous vivons nos relations de façon adulte. C'est aussi la clé qui nous libère de nos exigences irraisonnées, celles qui visent le « toujours », le « plus » et le « parfait ».

« Suis-je dans une relation qui fonctionne ? » Pour le savoir, chacun de nous peut se poser les questions suivantes. Si chaque réponse est un « oui » franc, c'est que la relation fonctionne ; si les « non » s'enchaînent, c'est qu'elle ne fonctionne pas.

- *Suis-je avec quelqu'un qui prête véritablement* attention *à mes besoins et à mes sentiments ?*
- *Suis-je* accepté *tel que je suis ?*
- *Suis-je* apprécié *pour ce que je fais et ce que je suis ?*
- *L'*affection *dont je rêve m'est-elle accordée ?*
- *Ai-je le sentiment d'être* autorisé *et encouragé à vivre en accord avec mes valeurs, mes désirs et mes besoins les plus profonds ?*

Si nous ne parvenons pas à répondre à ces questions, c'est sûrement que nous nous voilons la face. Nous préférons nous dire : « Je ne sais pas ; peut-être que ça fonctionne, peut-être pas. » Or, si nous nous répétons cela depuis longtemps, c'est que la réponse est « non ». Notre aveuglement trouble notre savoir et nos pouvoirs. Nous ne nous *autorisons* pas à connaître la vérité, et ne voyons pas que l'heure est venue de nous séparer de ce qui est déjà mort. Hélas, ce conseil énoncé dans *Le Roi Lear* est bien difficile à appliquer :

Au poids de cette tristesse, il faut obéir ;
Exprimer ce qu'on sent, non ce qu'il sied de dire.

AMADOUER NOTRE CRITIQUE INTÉRIEUR

Tu t'es éloigné de leur voix
Et les étoiles se sont mises à brûler
Brûler…
— Mary Oliver, « *The Journey* »

Notre *critique intérieur* est cette petite voix qui ne croit pas en nous. Il nous assène des « Tu ne peux pas » et des « Tu ne devrais pas » à tout bout de champ : *Tu ne peux pas partir. Tu ne t'en sortiras jamais seul. Tu ne devrais rien changer.* Le critique intérieur est un état d'esprit généralement hérité de notre passé ; il n'est pas inné, mais s'acquiert. Il est l'écho des gens et des institutions qui nous ont jugés au cours de notre vie. Cela inclut le cercle familial, scolaire, religieux, professionnel ou, plus largement, le regard de la société. Nous avons intériorisé ces messages et les avons intégrés à notre système de pensée. Pour la plupart d'entre nous, il s'agit de messages de dénigrement prenant la voix d'un parent mécontent. Ce critique, qui a une vie propre au sein de notre psyché, se présente comme une évaluation objective provenant de nous-mêmes. En réalité, il n'est qu'un habile ventriloque. La bonne nouvelle, c'est que, puisqu'il n'existe que dans notre tête, nous pouvons en modifier le message. Nous pouvons lui prêter la voix d'un parent encourageant, ou d'un coach bienveillant, qui nous soutiendra et renforcera notre estime de nous-mêmes. Il nous dira ainsi ce que nous aurions aimé entendre de nos véritables parents, ou ce qui nous a effectivement été dit par les personnes qui nous ont aidés et aimés. En sommes, nous pouvons lui attribuer les cinq *A* que nous avons reçus ou aurions voulu recevoir.

Il est possible d'apprivoiser ou de faire taire son critique intérieur, cet ennemi intime qui nous répète que nous ne pouvons pas changer, comprendre notre situation, ni faire les bons choix, et nous convainc que nous n'avons aucune option. Il répondra non pas au fouet, mais à une manipulation subtile qui amènera peu à peu cette voix négative à prendre notre défense. Libérés de l'aveuglement, nous serons enfin en mesure de nous dire : « Tant de choses résonnent dans mon esprit, qui ne proviennent pas vraiment de moi. Je veux autoriser la voix qui me soutient à se faire entendre. »

L'une des stratégies pour démasquer notre critique intérieur consiste à remarquer les déclarations absolues – *tu es ça et rien d'autre* –, les jugements définitifs et sans appel – *tu n'es que ta culpabilité, ta faiblesse, ton inaptitude…* Ces affirmations qui n'admettent pas de nuance, de discussion, de solution, d'alternative, sont exactement ce qui nous empêche d'avancer. Car notre critique intérieur hait l'idée même d'évolution ; elle nous veut statiques et passifs. En d'autres termes, elle n'est que l'instrument de notre peur. C'est pourquoi elle ne peut pas avoir raison : elle ne se range que du côté du reproche, du renoncement, du mépris et de la détestation de soi. Elle ne nous aime pas. De plus, elle part d'expériences particulières pour en faire de dangereuses généralisations. Avec elle, « Elle ne m'aime pas » devient « Personne ne m'aimera jamais. » Ce qui nous est arrivé aujourd'hui devient une sentence pour tout notre avenir. Notre critique intérieur rejette l'enseignement du Bouddha, qui nous rappelle que l'éveil et la libération qui l'accompagnent sont accessibles à tous en tout temps.

Six exercices pour faire de son critique intérieur un allié intérieur

Voici plusieurs méthodes pour transformer notre critique intérieur en soutien inconditionnel. Choisissez n'importe laquelle, ou essayez-en une différente chaque jour.

Passer du passé au présent

Dans un carnet, écrivez trois messages négatifs venant de votre critique intérieur. Cherchez l'origine de chacun (généralement dans votre enfance). Ce message était-il pertinent à l'époque ? L'est-il aujourd'hui ? Que vous faisait-il ressentir ? Où l'avez-vous entendu pour la première fois ? De la part de qui ? Cette personne cherchait-elle à vous aider ou à vous blesser ? Faites ce travail sans accuser quiconque ; examinez simplement les faits.

Passer de « toujours » à « parfois »

Demandez-vous si votre critique intérieur énonce des formules définitives du type *Tu es toujours… Tu n'arrives jamais à…* Sous chacun de ces jugements sentencieux, écrivez une phrase plus inclusive. Gardez l'idée principale, mais passez d'un sens absolu à un sens relatif : « Oui, je suis souvent... », « Parfois je n'arrive pas à... » Changez le verdict négatif prononcé à votre encontre en description neutre pouvant s'appliquer à tout le monde. Vous rappellerez ainsi à votre critique intérieur (c'est-à-dire à vous-mêmes) que l'imperfection est un trait humain. C'est indiscutable, tout le monde commet des erreurs, est maladroit et échoue... *parfois*. Sentez comme cela vous connecte au reste de l'humanité, mais promettez-vous aussi de ne pas renoncer pour autant à vous améliorer – c'est important. Comme l'a dit Joe Biden à la convention du Parti démocrate en 2008 : « Au cours d'une vie, il est inévitable d'échouer, mais impardonnable d'abandonner. »

Respirer en conscience

Rangez vos critiques intérieures dans un espace de conscience. Concentrez-vous sur l'un de ces messages et dépouillez-le de tout jugement, honte, croyance, insulte, vexation... jusqu'à ce qu'il ne soit plus qu'un ensemble de mots dans votre tête, et rangez-le en tant que tel. Faites cela avec l'aide de vos inspirations et de vos expirations, qui vous apprennent depuis toujours à accepter et à lâcher prise.

Avoir de la compassion pour soi

Notre critique intérieur se fiche bien de la douleur que nous causent ses attaques. Il se moque de nous blesser et de fragiliser notre estime de nous-mêmes, mais heureusement, nous pouvons agir et contrer son venin grâce à la compassion. L'idée est d'enseigner cette dernière à notre critique intérieur. Le travail effectué influencera aussi la voix en nous qui juge les autres, dans notre tête ou à voix haute. Là aussi, nous convertirons le jugement en compassion. En réalité, tout ce que nous trouvons de répréhensible chez les autres cache une forme de douleur.

Nous devons donc nous exercer à chercher la souffrance qui les fait agir de la sorte. Imaginez que vous trouviez une personne trop autoritaire. Son comportement tyrannique ne cacherait-il pas une obsession ou une peur maladives ? En raisonnant ainsi, vous reprogrammez votre cerveau de façon à transformer vos jugements intérieurs en élans de compassion.

Accorder autant de temps au positif qu'au négatif

Notre critique intérieur nous convainc toujours des pires scénarios possibles. Résultat : nous nous inquiétons. Toutefois, cette inquiétude peut être apaisée si nous acceptons d'envisager d'autres possibilités, non catastrophiques. Il faut donc nous exercer à étendre le champ de nos spéculations : accorder autant de temps aux issues favorables qu'aux issues défavorables ; admettre que le pire pourrait ne pas se produire. Imaginez que vous tenez dans l'une de vos paumes ouvertes les hypothèses négatives, et dans l'autre les hypothèses positives. Regardez la seconde et sentez monter en vous un sentiment de gratitude. Regardez ensuite la première et sentez s'affirmer en vous le courage d'affronter tout ce qui pourrait se produire. Ainsi, vous autorisez votre esprit à emprunter deux directions opposées, et à trouver du positif dans chacune.

Invoquer nos ressources spirituelles

Demandez aux forces spirituelles qui vous correspondent de vous aider dans votre pratique :

Bodhisattvas, aidez-moi à percevoir votre sagesse et votre compassion.
Esprit saint, je te remercie de tes dons, aide-moi à les apprécier à leur juste valeur et à en tirer parti.
Puisse l'Univers m'accompagner dans mon évolution.

Voici trois exemples associant la pratique présentée précédemment à ces trois forces spirituelles :

Critique intérieure : Tu fais des erreurs bêtes parce que tu es bête.
Votre voix raisonnable : Comme tous les êtres humains, je commets parfois des erreurs. Et quand je le peux, je les répare.
Votre Moi supérieur : Je suis doué de sagesse. Puisse-t-elle continuer à s'épanouir en moi et à travers moi, comme elle le fait en ce moment grâce à ce travail.

Critique intérieure : Tu ne réussiras jamais rien.
Votre voix raisonnable : Comme tous les êtres humains, j'aurai des moments de réussite et d'échec. Je m'engage dans tous les cas à faire tout mon possible pour vivre pleinement.
Votre moi supérieur : J'ai de la valeur pour moi-même, les autres et le monde. J'espère pouvoir le comprendre et être reconnaissant.

Critique intérieure : Tu n'as rien à offrir à ton conjoint ou à ton travail.
Votre voix raisonnable : Comme tous les êtres humains, j'ai de précieuses qualités. Je continuerai à cultiver mon savoir et mes compétences. Je n'ai aucun moyen de savoir si les autres les verront, mais je continuerai à les faire rayonner.
Votre moi supérieur : Je possède toutes les éclatantes grâces et vertus dont sont doués tous les êtres humains. Et je continuerai à développer mes talents pour accomplir ma vocation. J'espère continuer à être reconnaissant et à partager mes dons avec ceux qui m'entourent.

Les illusions qui nous aveuglent ne doivent pas nous inquiéter outre mesure. Notre moi supérieur ne relâche jamais ses efforts dans son combat contre les faux-semblants. Les circonstances et personnes qui nous aideront à les démasquer se succéderont dans le théâtre de notre vie, menaçant notre irrésistible ego, protégé derrière ses milliers de déguisements. Réjouissons-nous d'ailleurs, car c'est là l'un des sujets de ce livre : se défaire d'un ego boursouflé, qui causerait notre chute.

Cet ouvrage présente de nombreux exercices et conseils pour changer notre relation à nous-mêmes, aux autres et au monde. Il faut pour cela entreprendre un profond travail sur soi, sans lequel il est impossible de changer véritablement nos modes de pensée et comportements. En outre, et cela ne dépend en rien de nos efforts, nous devons nous y sentir prêts. C'est un bonheur pour moi de sentir que j'ai toujours plus à apprendre, et j'accepte avec joie cette position de débutant perpétuel.

> *Mon voyage de pèlerin à moi a été de descendre un millier d'échelles pour enfin pouvoir tendre une main amicale au petit amas de terre que je suis.*
> — Carl Jung, en réponse à un étudiant qui, après avoir lu Bunyan, lui demanda en quoi consistait le « voyage du pèlerin »

GÉRER LES REGRETS

> *Aussi familier qu'une vieille erreur*
> *Aussi futile que les regrets.*
> — Edward Arlington Robinson, « *Bewick Finzer* »

Le regret est le sport préféré de notre critique intérieur. Regretter, c'est se lamenter de choix passés que l'on voit aujourd'hui comme des erreurs. Or, rien ne peut effacer le passé, pas même les regrets. Pourtant, notre but ne sera pas de nous en débarrasser, mais de les aborder de façon consciente et bénéfique.

Commençons pour cela par prendre conscience que les événements du passé ne disent pas tout de nous. Si les regrets nous empêchent d'avancer, c'est parce que notre critique intérieur nous sermonne : *Tu as fait toutes ces erreurs parce que tu es nul et incapable. Tu es trop minable pour entreprendre ou réussir quoi que ce soit.* C'est là, bien sûr, la voix de la peur, reine des regrets. Une fois admis le fait qu'il arrive à tout le monde de faire des erreurs, de ne pas agir au bon moment ou de faire de mauvais choix sur un coup de tête, nous comprenons qu'il n'y a aucune honte à avoir. Nous pouvons alors accepter à bras ouverts notre condition humaine et toutes ses intrigues. Comme nous venons de le voir, nous avons tendance à voir certains traits génériques humains comme des défauts personnels. En effet, le regret se nourrit de l'isolement : « Il n'y a que moi pour être aussi bête ! », se dit-on, alors que nous l'avons *tous* été un jour, si ce n'est encore plus. En nous incluant, avec compassion, dans cette grande famille humaine pleine de faiblesses, nous amoindrissons l'influence du regret. C'est là qu'il peut nous aider à cultiver la vertu de l'humilité.

Le regret est aussi lié au chagrin. La racine *gret* signifiait en norrois « lamentation ». Nous tournons en rond, empêtrés dans notre peine, sans jamais la résoudre. Voilà pourquoi le regret nous ronge. Nous ressassons plutôt que de tourner la page. Toutes nos erreurs et nos pertes peuvent pourtant suivre le chemin du chagrin, puis de la nostalgie, avant de se dissiper dans le lâcher-prise. Quand nous interrompons ce processus, nous nous retrouvons piégés dans le regret.

Tenir un journal permet de travailler sur le sujet en reliant nos regrets à certains aspects de notre vie.

L'idée est de recenser tous nos regrets, contrariétés, expériences malheureuses, erreurs… et de nous interroger sur leur place dans la grande tapisserie de notre existence, sur l'utilité que nous avons pu en tirer un jour. Cela nous révélera la présence d'un thème cohérent dans notre parcours, d'un mythe personnel, d'une particularité qui nous rend depuis toujours uniques, mais que nous n'avons peut-être jamais osé admettre.

Il est important de s'attarder sur les facettes de notre personnalité que nous avons réprimées, reniées ou refusé d'admettre. Cela peut sembler périlleux, mais nous nous protégerons en ne nous exerçant que dans le secret de notre intimité. En murmurant « Je vais à présent révéler ma part d'ombre pour moi seul », nous libérerons en nous une vitalité que nous cachions en nous sans même le savoir. Prenons l'exemple d'une personne qui se demande si elle a déjà, au cours de son existence, aimé sincèrement quelqu'un. Elle admettra que ce qu'elle a pris pour de l'amour a pu parfois n'être qu'une forme de contrôle ou de possessivité. Puis, elle poursuivra peut-être son travail en admettant auprès des personnes concernées que ses intentions n'ont pas toujours été pures, mais qu'aujourd'hui, elle souhaite améliorer sa façon d'aimer pour qu'elle soit plus sincère. Cette confession l'aidera aussi à cultiver son humilité, la plus belle des vertus.

Nous pouvons aussi apprendre à *capitaliser* sur nos regrets et, au lieu de nous reprocher nos erreurs passées, apprécier les leçons que nous en avons tirées. Dans ce processus, nous devons alors nous promettre de veiller à ne pas répéter ces erreurs et nous projeter dans un avenir plus sage. *Nous ne serons plus les victimes du passé, mais ses élèves.*

AFFRONTER LE CHAGRIN

Quand tu seras partie, pas de doute…
Tu pleureras…
— « *After You've Gone* », de Henry Creamer,
Turner Layton, Ray Sherman

Les paroles de cette chanson transmettent un message trop souvent négligé. Elles nous rappellent que *tout* départ entraîne une forme de chagrin, quelle que soit la situation, même heureuse. Nous sommes faits pour pleurer les dénouements. Le dernier jour de lycée, par exemple, a peut-être signé pour nous la fin de certaines amitiés fortes. À l'époque, excités à l'idée du futur qui s'ouvrait à nous, nous ne savions pas accepter et gérer cette perte. Quand je pense à ma cérémonie de remise de diplôme, je revois des filles en larmes et des garçons qui n'osaient pas laisser couler les leurs. Je sais aujourd'hui que le comportement des premières était le plus sain : elles vivaient leur tristesse, lui prêtaient leurs voix et leurs larmes. C'est de cette façon qu'il faut aborder toute conclusion, qu'elle soit positive ou négative : *avec* tristesse. Pas celle qui nous paralyse, mais celle qui facilite la transition et nous permet de tourner la page. Nous devons voir le chagrin comme un rouage du changement. Toute transition nécessite une fin (le chagrin) et un commencement (l'excitation de l'anticipation).

Quand un chapitre douloureux de notre vie se referme, naturellement, nous nous réjouissons, d'en être délivrés. Mais la tristesse est aussi présente. Nous ne pleurons pas la fin des souffrances auxquelles nous avons enfin mis un terme ; nous ne regrettons pas d'avoir quitté une situation qui ne nous convenait pas. Notre chagrin est un reliquat du début de ce chapitre, cette époque où nous croyions dur comme fer que cette situation serait parfaite pour nous. Nous pleurons l'anéantissement de notre *espoir premier*, notre confiance dans l'avenir promis par cette relation, carrière, association, religion… Nous pleurons de désenchantement. Enfin, nous pleurons aussi l'idéal de bonheur, de sécurité, etc., que nous attendions de cette relation. Nous déplorons une évidence qu'il a rapidement été impossible de nier : la situation n'aurait de toute façon jamais été heureuse, quelles que soient les circonstances. Peut-être lui avons-nous donné le nom de « déception » ou d'une autre émotion, mais c'est bien le chagrin qui sonnait à notre porte. Pourtant, par certains signes de stress, notre corps nous montrait bien qu'il reconnaissait ce que notre esprit refusait d'admettre.

Au début d'une relation ou d'une carrière, on n'a jamais envie d'admettre qu'on en voit déjà la fin. Notre réflexe est généralement d'enfouir cette idée sous le tapis, mais le chagrin qui y est associé ne se dissipera pas pour autant. Telle une taupe, il se réfugiera sous la surface – dans notre inconscient – et attendra patiemment que le glas sonne pour refaire surface.

Lorsque nous ressentons pour la première fois un vide dans notre relation ou notre situation, il est tentant de penser qu'il se comblera spontanément. Cela fonctionne en effet pour la lune, mais l'existence humaine ne suit pas un tel cycle. Le chagrin est alors inéluctable : la tristesse de la perte, la colère de la déception, la peur que les dés soient jetés, qu'il n'y ait plus d'issue possible : « Je suis marié à présent, je ne peux pas abandonner si facilement » ; « Je viens de commencer ce boulot, je ne peux pas le quitter si vite » ; « Les gens vont se moquer de moi si je pars maintenant, ils verront que j'ai fait une erreur en m'engageant là-dedans. »

Puis, après des années d'insatisfaction, nous trouvons finalement un emploi, ou une vocation, qui nous convient. Et bientôt (parfois même du jour au lendemain), nous oublions l'ancien. Des années plus tard, nous prenons notre retraite au terme de cette nouvelle carrière qui nous a apporté tant de bonheur. Pourtant, nous remarquons en nous une douleur plus grande que la simple tristesse d'avoir quitté notre poste. C'est le chagrin de notre première prise de conscience, quand nous avons compris que notre ancien travail était sans espoir. Après avoir longtemps hiberné, le voilà qui remonte à la surface au moment opportun.

Comment l'expliquer ? L'explication se trouve sûrement dans l'une ou plusieurs des trois expériences négatives suivantes.

Désillusion

Nous espérions une merveilleuse expérience, et nos rêves ont été brisés, piétinés. Il est quasi impossible de ressentir pleinement le chagrin au début d'une aventure. Notre nature nous pousse plutôt à nous rassurer : « Tout va s'arranger. Les choses vont s'améliorer. » Nous nions notre désespoir au profit d'un espoir vain.

Sentiment d'impuissance

Nous sommes convaincus de ne rien pouvoir faire pour modifier notre situation. L'espoir, en revanche, peut nous pousser à tenter de raviver ce qui était mort-né. Et quand rien ne s'améliore, la colère monte, et nous nous en prenons à notre partenaire ou à nos collègues. C'est là que s'installent parfois le désespoir, l'apathie et la dépression : nous perdons tout intérêt pour ce qui pourrait nous arriver dans cette prison emplie de nos cris silencieux.

Distractions néfastes

Nous nous rassurons parfois en nous lançant dans de nouvelles entreprises saines, tout en entretenant la situation qui nous fait du tort. Dans d'autres cas, nous nous réfugions dans des distractions néfastes, comme l'addiction. En amour, nous entamerons peut-être une liaison ; au bureau, nous cesserons tout effort et irons même jusqu'à profiter de tous les avantages à notre portée, même les moins éthiques. En matière de religion, nous nous sentirons trahis et céderons à l'amertume.

Un autre exercice utile consiste à revenir sur chaque chapitre de sa vie, en gardant à l'esprit que tous se sont conclus sur une note de chagrin. Les avons-nous fuis ou ressentis ? Si nous les avons esquivés, les larmes que nous avons refoulées attendent encore de jaillir. Nous pouvons nous autoriser à ressentir cette douleur aujourd'hui, il n'est jamais trop tard. Une partie de cette tristesse s'est même peut-être exprimée au fil des ans sans que nous le remarquions. Aux larmes du présent s'ajoutent souvent celles de notre passé. Quand nous pleurons devant un film, il y a de grandes chances pour que ce ne soit pas uniquement parce qu'il nous émeut, mais parce qu'il nous rappelle toutes les fois où nous aurions dû nous émouvoir.

L'anecdote suivante mêle notre sujet actuel aux mystères du *timing*. Nous verrons les liens qu'entretient ce dernier avec la synchronicité (l'apparition de coïncidences signifiantes). Quand j'avais 27 ans, alors que j'étais chez lui, mon ami George a reçu un appel. En attendant qu'il termine, j'ai saisi un exemplaire du *Petit Prince*. Je l'ai ouvert au hasard, et mes yeux se sont immédiatement posés sur une phrase qu'il avait soulignée : « C'est tellement mystérieux, le pays des larmes. » Je me rappelle avoir été frappé par la sensibilité de cette phrase. Je sentais qu'elle avait une signification profonde que je n'étais pas encore capable de saisir. Je savais que j'étais trop jeune pour avoir réellement exploré le pays des larmes et son énigmatique géographie. Malgré tout, cette phrase est restée gravée dans ma mémoire. Je sais maintenant que je la conservais pour le moment où je serais assez mûr pour en comprendre toute la portée. Au cours des cinquante dernières années, de nombreuses larmes ont coulé sur mes joues, et j'ai peu à peu percé son sens premier, comme le montrent, je l'espère, mes réflexions actuelles.

Toute fin implique des larmes. La question est de savoir quand nous les verserons. Notre réaction naturelle est de pleurer à grandes eaux ; notre échappatoire habituelle est de refouler notre chagrin. Or, quand nous laissons nos larmes s'exprimer, nous laissons notre chagrin s'accomplir et ouvrons le prochain chapitre de notre vie. *Ne serait-ce pas, finalement, par peur d'avancer que nous fuyons notre chagrin ?*

Certains chagrins crient en nous, à la mort prématurée d'un proche, par exemple. Mais il en existe un autre, silencieux, qui bouillonne au plus profond sans que nous le soupçonnions. Le chagrin est lié à l'amour ; nous pleurons la perte inéluctable de ce que nous aimons ou avons aimé. Ce vers du poème « *Ephemera* » de William Butler Yeats le résume bien : « Nos âmes sont amour et perpétuels adieux. » En effet, puisqu'il est acquis que tout est éphémère dans la vie, le chagrin est une compétence nécessaire. Il y a toujours quelque chose qui se meurt ou est mort, il y a donc toujours dans nos cœurs un adieu prêt à lui être adressé.

Quand on nie entièrement son chagrin, le risque est de découvrir, des années plus tard, qu'on est encore à sa merci. Soudain, voilà qu'un autre événement, semblable à celui qui l'avait fait naître, le fait ressurgir. Nous nous demandons alors pourquoi une perte anodine nous met dans tous nos états ; pourquoi cette réaction disproportionnée, alors que ce que nous laissons derrière nous ne nous manquera pas tant que ça ? Nous sommes incapables d'identifier notre souffrance, car cela reviendrait à ouvrir la boîte de Pandore. Nous sommes chamboulés par une douleur passée que nous n'avons jamais reconnue ni même nommée. Comme toujours, le chagrin attend son heure et saisit sa chance.

> *Donnez des expressions à la douleur. Le chagrin qui ne parle pas murmure en secret au cœur surchargé et lui ordonne de se rompre.*
> — Shakespeare, *Macbeth*

FAIRE LE TRI

Nous ne pouvons plus nous permettre d'assimiler la foi à l'acceptation de mythes sur la nation, la société ou les nouvelles technologies.
— Thomas Merton, *Foi et Violence*

Nous oublions trop souvent que le passé nous influence aussi en laissant son empreinte sur des attitudes, préjugés et croyances que nous cultivons sans nous poser de question. La plupart ont été instillés en nous par notre famille, l'école, la religion et la société, à un âge où nous ne pouvions pas le remarquer et encore moins les analyser. Nous avons absorbé et cultivé ces postures que nous cherchons peut-être aujourd'hui à perfectionner ou à rejeter. Certains de ces comportements hérités des autres sont devenus des forces motrices, des principes directeurs dans nos vies. Ce sont les vestiges de la demeure calcinée de notre passé, enfouis sous les fondations de notre domaine présent.

Souvent, au lieu de les abandonner, nous nous cramponnons à ces définitions construites par les autres. Ces mythes culturels, ces points de vue archaïques et ces conditionnements sociaux sont devenus si constitutifs de l'image que nous avons de nous-mêmes que nous ne les remarquons même plus. Nous allons parfois jusqu'à nous y accrocher consciemment, convaincus qu'ils sont nécessaires à notre identité. Prenons un exemple : imaginons qu'on nous ait appris, petits, que tout arrive pour une raison. En grandissant, nous nous sommes alors souvent dit : « Il y a forcément une explication », comme s'il y avait toujours une logique aux actions des autres ou aux événements qui nous entourent. De plus, le fait d'expliquer ce qui nous rend perplexes nous conforte (encore) dans l'idée que nous pourrions tout contrôler. Or, cette vision de la réalité suppose que les êtres humains pensent et agissent toujours rationnellement

– une idée que notre expérience de la vie nous apprend aujourd'hui à remettre en question.

Notre loyauté envers la religion de notre enfance est l'un de ces concepts que nous pouvons remettre en question à l'âge adulte : une partie de moi est convaincue que je ne peux être David que si je reste, du moins en partie, le bon catholique que j'ai appris à être. Néanmoins, mon attachement à cet aspect de mon identité ne m'enferme-t-il pas dans des préjugés et des limites ? Pour avancer, je devrais donc actualiser ma foi pour l'affranchir des mythes dont nous avertit Thomas Merton.

Dans l'*Apologie de Socrate*, Platon rapporte : « Une vie sans examen ne vaut pas la peine d'être vécue. » En tant qu'adulte, il est de notre devoir d'examiner ce qui nous a été transmis pour y trouver ce qui nous correspond encore aujourd'hui ; d'analyser les contenus subtils et plus évidents de notre esprit pour conserver ceux qui reflètent l'adulte intègre que nous sommes devenus, et rejeter ceux qui ne concordent plus – ou n'ont jamais concordé – avec notre intelligence et notre moralité. Cet exercice de tri requiert attention et discernement. Il nécessite parfois d'engager un dialogue avec nos confidents ou un thérapeute. L'écriture peut aussi nous y aider.

Cette pratique ne se fera pas en une fois. Il faut des années pour explorer la myriade de souvenirs gravés dans notre psyché. Leurs messages, provenant de sources que nous réprouvons peut-être aujourd'hui, sont pour la plupart implicites, et se cachent dans des zones obscures de notre programme interne.

On distingue les tris *absolus* des tris *relatifs aux circonstances*. Dans le premier cas, nous jetons ou gardons l'ensemble de l'élément examiné. Dans le second, nous ne gardons que les aspects utiles à notre vie d'adulte. Voici un exemple de choix absolu : quand j'étais au collège, ma mère m'a emmené acheter mon premier costume. Alors que nous examinions les couleurs et les coupes proposées, elle m'a dit : « David, choisis toujours un costume que tu pourras porter à un enterrement. » Ce conseil peut aller tout entier à la poubelle ; désolé, maman !

Prenons à présent un exemple de choix relatif. En maternelle, dans le couloir, notre institutrice nous a donné trois consignes : nº 1 : « Mettez-vous en file indienne » ; nº 2 : « Restez à votre place et n'essayez pas de dépasser les camarades devant vous » ; nº 3 : « Pas de bavardages dans la file. » Si nous nous demandions aujourd'hui lesquelles de ces trois règles conserver, le tri serait facile à faire : nous garderions les consignes nº 1 et nº 2, et jetterions la moitié de la nº 3. Les deux premières décrivent des comportements utiles, voire nécessaires, dans une société où l'on respecte les files d'attente. « Pas de bavardages » s'appliquait à l'époque au contexte de l'école, où il était important de ne pas déranger les autres classes. Cette consigne reste donc pertinente tout au long de notre vie, mais uniquement quand nos bavardages risquent d'importuner les autres. Au supermarché, dans les administrations ou à la gare, nous faisons la queue tout en ayant conscience d'être libres de discuter avec nos voisins. Dans un lieu de travail, nous choisissons de ne pas parler ou de chuchoter. Voilà pourquoi nous ne jetons qu'à demi la règle nº 3.

La liste suivante vous aidera dans cet exercice d'enquête et de tri. Les messages répertoriés ci-dessous sont ici formulés noir sur blanc, mais rappelez-vous qu'ils vous ont sûrement été transmis, comme bien d'autres encore, de manière implicite ou non verbale. Lisez-les, identifiez ceux qui vous sont encore utiles, et choisissez lesquels conserver totalement ou partiellement.

Messages de notre famille (même hérités sur des générations)

Reste proche de ta famille, quelle que soit la façon dont elle te traite.
Tu as un rôle défini à jouer dans ta famille (celui du soignant, par exemple), et tu n'as pas le droit d'en changer.
Tu vaux plus/moins que tes frères et sœurs, ou que les autres en général.
Si tu ne respectes pas les règles, tes parents ou d'autres figures d'autorité peuvent te punir comme ils le souhaitent. Tes parents ont le droit de te faire du mal.
Tu dois être exactement comme tes parents ou suivre le destin qu'ils t'ont tracé.
Tu dois continuer à travailler, que tu le veuilles ou non, que tu en aies besoin ou non.
Tu ne peux pas faire honte à ta famille en divorçant.
Reste fidèle à tes préjugés contre les personnes que tu as appris à dénigrer ou à mépriser.
Être toi-même et le montrer au monde est un pari risqué.
L'autorité parentale ne doit pas être remise en question.
À quel point m'a-t-on découragé d'assumer ma vérité ?

Messages de l'école

Sois fidèle aux valeurs et aux idées véhiculées par l'école.
Ne te fais pas remarquer par ta différence.
Seules tes notes comptent, pas le développement de ton autonomie ni de ton esprit critique.
Être un bon élève, ou un bon citoyen, c'est être obéissant.
Tu es ici pour mémoriser, pas pour penser.
Ne pose pas trop de questions.
Plie-toi à toutes les règles, en tout temps.

Être toi-même et le montrer aux autres est un pari risqué.
On ne remet pas en question l'autorité de l'école.
Quelles facettes de ma personnalité ont été muselées par l'école ?

Messages de la religion

Reste fidèle à la religion de ton enfance.
Ta religion est la seule vraie foi.
Seule une organisation patriarcale est envisageable*.
Le corps d'une femme ne lui appartient pas.
Dieu est homme.
Dieu t'accorde le bonheur si tu te comportes bien, et te punit en t'infligeant des souffrances si tu te conduis mal.
Le sexe avant le mariage est un péché, comme le plaisir solitaire.
Tout penchant homosexuel doit être refoulé.
Être toi-même et le montrer aux autres est un pari risqué.
On ne remet pas en question l'autorité religieuse.
Quelles régions de mon imagination ont été étouffées par la religion ?

Messages de la société

Aimer son pays, c'est défendre toutes ses actions, même les plus répréhensibles.

* Les femmes sont nombreuses à rester fidèles à une religion qui nie leurs droits, leur interdit toute position d'autorité et promeut des valeurs misogynes. Pourquoi tolérer un tel environnement ? Bien souvent, ces femmes sont malheureusement habituées à être exploitées et malmenées par les hommes, au sein de leur famille et ailleurs, voire partout. Or, quand on ne trouve la sécurité que dans l'obéissance, la liberté et le respect nous semblent hors de portée. Nous nous soumettons entièrement aux règles, quitte à leur céder notre liberté intérieure.

La devise « liberté, égalité, fraternité » ne vaut pas pour tout le monde.
Les personnes blanches sont supérieures aux autres.
Le recours à la guerre se justifie, et c'est notre devoir de prendre les armes.
Être un bon patriote, c'est obéir en toutes choses à l'État.
Ne t'élève pas contre l'ordre et les lois établis.
La planète et les animaux sont au service de nos besoins.
Être le meilleur à tout prix est un objectif louable et légitime.
L'argent est ce qu'il y a de plus important dans une vie.
Une vie heureuse et réussie se mesure au nombre de nos possessions matérielles.
Reste fidèle à tes préjugés contre les personnes que tu as appris à dénigrer ou à mépriser, surtout dans l'isoloir.
Être toi-même et le montrer aux autres est un pari risqué.
On ne remet pas en question l'autorité de l'État : « Obéir, c'est vivre ; désobéir, c'est mourir. » (Le président américain Calvin Coolidge a bel et bien prononcé ces mots. Quand je l'ai entendu dire cette phrase en vidéo, j'ai revisionné la scène pour m'assurer d'avoir bien entendu. Son ton était arrogant et formel, comme s'il mettait en garde la population ! Cela étant, il parlait là d'un crime bien particulier, et non d'une idéologie globale… du moins, pas explicitement.)
Qu'est-ce qui m'a été inculqué ou a été effacé de mon esprit avant que je ne puisse apprendre à faire le tri ?

Nous pouvons distinguer les messages qui nous aident à progresser de ceux qui nous desservent. Certains seront faciles à oublier, d'autres requerront plus d'efforts, le temps de les cerner, de les analyser et de les résoudre. D'autres encore refuseront de se faire déloger malgré notre acharnement.

Écrire sa propre liste des messages perçus permet de visualiser rapidement ceux que l'on voudrait garder et ceux que l'on devrait rejeter. Faites-en, par exemple, deux listes sur deux pages opposées de votre journal intime. Copiez ensuite ceux dont vous souhaitez vous débarrasser sur une feuille volante, et brûlez-la. Vous pourrez ensuite lire les messages « à garder » comme des affirmations de votre identité véritable.

Accomplir son Moi authentique, c'est conserver ce que l'on veut et se débarrasser de ce que l'on ne veut pas. C'est vivre sa vie selon ces deux principes. Ce qui ne nous sert plus doit être rejeté comme il se doit, et ce qui nous est précieux, chéri avec gratitude.

Certains d'entre nous ont *internalisé* la vision que les autres avaient d'eux. Nous avons alors intégré la description qui était faite de nous, et y sommes restés fidèles. C'est là une forme d'immobilisme plus subtile (et pernicieuse) que toutes celles que nous avons abordées jusqu'ici. *Notre addiction la plus profondément ancrée, la plus sournoise, est l'attachement à notre faux Moi, celui que nous avons été jusqu'à présent ; c'est la conviction que « j'ai le besoin, le devoir d'être cette personne que je pense être »*.

Il arrive que l'on s'accroche désespérément à ce Moi d'avant ; celui qui n'a pas fait le tri entre le vrai et le faux, celui qui a été façonné, sans qu'on s'en aperçoive, par tant de sources plus ou moins bien intentionnées. Cet être si bien modelé, nous nous attachons à ce qu'il persévère, car il semble détenir les clés de la sécurité dans un monde qui craint, voire écrase, toute idée de diversité.

Dans le bouddhisme, le Moi n'existe pas – ni en surface ni en profondeur. Mais cette idée du non-soi n'exclut pas forcément l'idée d'un faux Moi : ce « je » acteur, ce personnage que j'incarne selon un script écrit par d'autres, celui que j'ai créé pour me faire aimer. Ce n'est pas le visage avec lequel je suis né, mais un masque d'imposteur que je porte depuis que j'ai compris qu'il était dangereux de me montrer tel que je suis réellement.

Ce faux Moi est difficile à localiser parfaitement ; il se cache dans des recoins dissimulés et difficilement accessibles de notre logiciel interne. Ce n'est qu'en plongeant assez profond et en effectuant un tri honnête, sans peur ni concessions, que je pourrai le débusquer. Alors apparaîtra le vrai Moi, et non le pantin de bois dans lequel j'avais sculpté mon être. Enfin, je découvrirai ce que Shakespeare appelait ma « majesté insoupçonnée ».

Aurai-je le courage et vivrai-je assez longtemps pour *me* libérer ?

Je terminerai cette section avec une histoire personnelle qui montre que nos lieux de vie peuvent aussi influencer le tri de nos expériences. J'ai pour voisin un homme adorable qui nous offre parfois des fruits de son verger. Un jour, j'ai saisi dans son panier deux pluots (fruits issus du croisement entre la prune et l'abricot). Comme ils étaient encore durs et un peu verts, je l'ai interrogé : « Ça mûrit hors de l'arbre ? » En rentrant chez moi, je me suis surpris à me répéter cette question, soupçonnant derrière une importante métaphore sur ma propre vie. Je l'ai alors modifiée : « Est-ce que j'aurais pu, *moi*, mûrir hors de mon arbre familial ? » La réponse ne s'est pas fait attendre : « Absolument pas ! Je n'aurais pas pu mûrir, vivre selon mes propres besoins et désirs, ou encore trouver ma vocation si j'étais resté sur les terres des Richo, dans mon Connecticut natal. J'ai atteint la maturation à plus de 4 000 km de là, en Californie. » Quitter le cocon, s'en distancer, est nécessaire pour certains d'entre nous, mais d'autres s'épanouissent mieux en restant près des leurs. Bien sûr, ma métaphore s'applique à mon cas personnel : il est possible de se développer dans le Connecticut, mais ça n'a tout simplement pas été mon cas. Plus tard ce jour-là, j'ai ri en me remémorant la devise de cet État, qui faisait désormais écho à ma situation : « Qui transplante, fait croître. »

UNE SEMAINE DE MÉDITATIONS : PARTIR

Voici sept citations touchant à la question que nous nous posons : comment aller de l'avant quand vient l'heure du changement ? Prenez le temps de méditer sur chacune, jour après jour, durant une semaine. Laissez-les s'adresser à vous personnellement, cherchez ce qu'elles évoquent dans votre vie actuelle. Dans votre journal intime, écrivez, si vous le souhaitez, vos réponses aux questions qui suivent chaque citation.

Dimanche

Vint un temps où le risque de rester à l'étroit dans un bourgeon était plus douloureux que le risque d'éclore.
— *Journal* d'Anaïs Nin

Quelles restrictions extérieures pèsent aujourd'hui sur ma vie et dans quels domaines ?
En quoi ces limites sont-elles liées à mon passé, y compris mon enfance ?
Quelle part de moi ai-je peur de libérer ?
Quelle forme de souffrance ai-je peur de subir si je me révélais tel que je suis vraiment ?
Si je devais éclore et m'épanouir tel que je suis vraiment, à quoi ressembleraient ma personnalité et mon style de vie ?
Qui accepterait mon épanouissement et qui le craindrait ? Comment puis-je remercier les premiers, et rassurer ou fuir les autres ?
Qu'attends-je ? Quelles conditions me seraient nécessaires ?

Il t'arrachera à la détresse pour te mettre au large, en pleine liberté.
— Job 36, 16

Lundi

Quitter ce que l'on connaît, c'est déjà la moitié du chemin du Dharma.
— Milarepa

En quoi mon enfance influence-t-elle mes choix d'adulte ?
Ai-je appris à tolérer la douleur auprès de mon père ou de ma mère ? Est-ce que je continue à le faire ?
Quels événements de mon enfance m'empêchent aujourd'hui d'agir ?
Comment assumer pleinement la responsabilité de ma situation actuelle ?
Qui sont les personnes qui m'ont aidé à évoluer, et comment puis-je me rendre digne de leur confiance aujourd'hui ?
Lesquelles de mes attitudes m'immobilisent et me freinent dans mes élans ?
Comment puis-je suivre l'élan qui me pousse à évoluer, cette énergie qui a toujours été en moi, et me souffle de me libérer et d'avancer ?
Comment exprimer ma gratitude et réagir aux nombreux sains et bodhisattvas qui m'encouragent en ce moment même ?

Mardi

Se laisser porter par le courant
Céder avec grâce à la raison
Et s'incliner pour accepter la fin
D'un amour ou d'une saison ?
— Robert Frost, « *Reluctance* »

Qu'est-ce qui dérive hors de ma vie en ce moment même ?
Qu'éveille en moi leur éloignement ?
Cela me fait-il peur ?
Serais-je en train de négliger certaines choses ?
Comment céder avec grâce aux changements dont j'ai besoin dans mon couple, mon travail, mon engagement… ?
Si je faisais le deuil de ce qui a déjà pris fin, que ressentirais-je ? Comment cela m'ouvrirait-il au monde ?
Comment garder dans mon cœur tout ce que j'aime ? Et qu'ai-je besoin de quitter ?
Qu'est-ce qui me retient ici ?
Qu'est-ce qui me pousse à partir, et qu'est-ce qui m'incite à rester ?
Que ressentirais-je si je m'inclinais pour accepter le Boudhha, c'est-à-dire devant la lumière cachée dans mon présent, prête à briller sur moi et à travers moi ?
Maintenant, je comprends pourquoi j'existe et pourquoi le monde existe : pour que les choses que je vois fassent briller sur moi leur lumière cachée, et que je la renvoie à tout ce que je vois.

Mercredi

Nous savons qu'il nous faudra, d'une façon ou d'une autre, nous consumer, nous relever des cendres de ce que nous croyions être et, de là, avancer.

— Clarissa Pinkola Estés, *Femmes qui courent avec les loups*

Quels aspects de ma vie sont prêts à être consumés par le feu qui brûle ce qui est mort ?
Quels aspects de ma vie sont prêts à être nourris du feu qui ranime ?

À quel point pourrais-je désirer me défaire de quelqu'un ou de quelque chose ?
Quelle idée avais-je de moi-même auparavant, et en quoi cette image, ou cette pensée, a-t-elle changé ?
Quelle idée avais-je de ma relation auparavant, et en quoi cela a-t-il changé ?
Que ressentirais-je au milieu des « cendres » de ce que j'ai été jusqu'ici ?
Comment, à partir de là, « avancer » ?
Quelles ressources intérieures écloront quand je me serai renouvelé ?
Qu'est-ce qui m'effraie ou me stimule dans ce nouveau départ ?

Jeudi

L'inconnu d'une nouvelle expérience devient plus sûr que la sécurité.
— Daniel Lindley, *On Life's Journey Always Becoming*

À qui ressemble, pour moi, la sécurité ?
Quand me suis-je déjà senti parfaitement en sécurité ?
Est-ce le cas aujourd'hui ?
L'idée d'une expérience entièrement nouvelle m'effraierait-elle ?
Qu'est-ce qui pourrait me donner envie de changer complètement mon mode de vie ?
Qu'est-ce que j'accepterais de tenter pour améliorer ou changer, même un tout petit peu, ma vie ?
Y a-t-il des ressources en moi ou autour de moi vers lesquelles me tourner ?
Qui sont mes alliés dans ma transformation ?

Vendredi

Il est plus digne d'y sauter nous-mêmes que d'attendre qu'ils nous y précipitent.
— Shakespeare, *Jules César*

Suis-je en train d'attendre que quelque chose me force à agir ?
Pour que les choses changent, faut-il que le premier pas vienne d'une autre personne dans ma vie ? Comment a-t-elle acquis ce rôle ?
Comment réveiller ma capacité innée à prendre des initiatives ?
Comment faire preuve de compassion envers moi-même, alors même que je freine des quatre fers tout en espérant avancer ?
Quelles raisons me poussent à attendre l'autorisation de quitter ce qui ne me convient pas ?
Me sentirais-je honteux ou coupable d'avoir fait le premier pas ? Comment balayer ces inhibitions ?
M'est-il possible de prendre une décision maintenant, au lieu d'attendre d'en avoir le courage ?
Puis-je compter sur mon courage pour me soutenir pleinement dans mon cheminement ?

Samedi

La peur tue l'esprit. La peur est la petite mort qui conduit à l'oblitération totale. J'affronterai ma peur. Je lui permettrai de passer sur moi, au travers de moi. Et lorsqu'elle sera passée, je tournerai mon œil intérieur sur son chemin. Et là où elle sera passée, il n'y aura plus rien. Rien que moi.
— Frank Herbert, *Dune*

Quelles sont les peurs qui me retiennent d'ouvrir
le prochain chapitre de ma vie ?
Comment affronter ma peur sans m'affaiblir ?
Comment laisser ma peur me traverser comme la foudre
au travers d'un paratonnerre ?
Puis-je laisser ma peur pénétrer le sol, et la confier
à la Terre Mère afin de m'en délivrer ?
Comment expulser la peur pour laisser place à la liberté ?
Qu'est-ce qui pourrait me convaincre qu'il est possible
que je survive, et même que je m'épanouisse
après mon départ ?
Sur quels alliés, mortels et immortels, puis-je compter
pour m'accompagner dans l'obscurité ?
Suis-je capable de croire que je ne suis jamais
vraiment seul ?

TROIS

SENTIR QUE L'ON NE PEUT PLUS RESTER

La signification de cet incroyable voyage resterait à jamais obscure s'il ne brillait pas dans un avenir lointain une lueur, l'espoir que « nous » puissions un jour tout élucider.
— Rabbin Arthur Green, *Radical Judaism*

PARFOIS, NOUS RENONÇONS, alors que nous pourrions encore renouveler, adapter ou améliorer les choses. Nous claquons la porte avant la livraison de notre cadeau, soit l'occasion de réinventer notre couple, notre emploi, notre situation ou encore nous-mêmes. Nous quittons le navire avant d'avoir découvert les trésors de ses cales. Certains se sentent même physiquement incapables de rester une minute de plus. Et il arrive que nous ayons effectivement atteint notre limite. Mais dans d'autres cas, ce que l'on interprète comme la nécessité de partir n'est qu'une sensation de frustration que l'on pourrait résoudre. Aveuglés par notre insatisfaction, nous ne voyons pas les choix qui s'offrent à nous. Dans ce chapitre, nous chercherons ce qui se cache derrière notre besoin de fuite, notre désir fiévreux de courir le plus loin possible d'une personne, d'une situation, d'un groupe…

toute situation dans laquelle il nous semble que nous soyons restés trop longtemps. Puis, dans le suivant, nous explorerons différentes façons de changer les choses avec les outils à notre portée.

INTIMITÉ, ENGAGEMENT ET AUTONOMIE

Dans le cadre personnel, professionnel ou associatif, une relation n'est authentique que si elle implique *un lien intime d'engagement garantissant l'autonomie de chacun*. Examinons ces concepts d'intimité, d'engagement et d'autonomie, et voyons comment les doser pour changer ces situations pour le mieux.

En tant qu'adultes, nous avons appris à entremêler intimité et distance dans les liens que nous tissons. Cet équilibre nous permet de répondre aux besoins de la relation tout en respectant les nôtres. Il est normal d'aspirer parfois à une certaine distance ; ce qui pose parfois problème, c'est la façon dont nous l'instaurons. La méthode saine consiste à le dire ouvertement : « J'ai besoin d'espace, là, maintenant. Ça ne vient pas de toi, c'est pour moi que je le fais et ce n'est que temporaire. » L'autre option, néfaste, revient à faire éclater un conflit, une opposition ou une crise pour créer automatiquement de la distance. La plupart d'entre nous ont, pour cela, un millier de techniques diverses, quand la seule approche efficace est l'honnêteté.

Quand nous comprenons que l'intimité nous rend vulnérables, il arrive que nous cherchions à saboter notre connexion à l'autre. « Si cette personne devient trop proche, elle découvrira mes défauts, se dit-on. La façade, l'image que je me suis construite pour ne lui montrer que mes bons côtés s'effondrera. Ma face cachée sera révélée. » Se dévoiler entièrement est, en effet, une source de vulnérabilité, mais c'est aussi la clé de l'intimité. Quand nous nous cachons derrière un masque, nous renonçons à toute chance d'aimer et d'être aimé, les deux buts de l'existence humaine. Pour autant, il ne faut pas non plus se laisser marcher dessus. L'intimité implique une vulnérabilité émotionnelle *volontaire* : c'est ouvrir son cœur à l'autre pour qu'il puisse nous voir tels que nous sommes. Une relation saine combine cette proximité et la question des limites personnelles. L'idée est de se montrer vulnérable à la hauteur de la confiance que l'on accorde à l'autre.

Être vulnérable, et donc s'ouvrir au monde extérieur, requiert une atmosphère sûre, dans laquelle on se sent protégé. Dévoiler volontairement ses faiblesses, avec l'assurance de voir ses limites respectées, ne peut qu'accroître nos ressources intérieures et nous donner la force de supporter, sans vaciller, les coups bas et les trahisons. Paradoxalement, cette vulnérabilité nous rend plus forts. Quand notre peur de l'intimité disparaît, c'est nous qui apparaissons. Finalement, n'est-ce pas le trac, la peur de se mettre à nu, qui nous retient de nous rapprocher de l'autre ?

La peur de l'intimité peut révéler un manque de confiance en l'autre, parfois inconscient. Quelque part en nous, nous sentons que cette personne tirera profit de notre vulnérabilité et nous fera du mal. Notre peur a, dans ce cas, un rôle positif. Elle nous aide à protéger notre sensibilité de ceux qui voudraient nous trahir, nous humilier ou profiter de nous. Notre sagesse intérieure nous indique à qui et à quoi nous fier. Certaines personnes, dignes de confiance, sauront nous aimer ; d'autres nous feront uniquement souffrir. Nous devons donc nous en méfier, sans quoi notre vulnérabilité fera de nous des victimes.

Quand on craint l'engagement, c'est souvent parce qu'on voit l'intimité comme une source de contraintes : nous redoutons qu'elle nous empêche de partir lorsque nous en ressentirons le besoin. L'engagement véritable est un vœu de fidélité envers quelqu'un ou quelque chose en qui nous plaçons notre confiance. Cela implique de faire des efforts quand un conflit émerge ; de réparer, rafistoler, rétablir le dialogue lorsqu'il est rompu. C'est la promesse d'œuvrer pour maintenir le lien, même en cas de difficultés. À l'inverse parfois, c'est cette connexion, même éprouvée, qui renforcera notre détermination à nous battre. Si nos besoins sont constamment négligés dans une relation, il est logique de vouloir partir, mais *s'ils sont généralement comblés, il est logique de s'accrocher.*

L'engagement nous appelle aussi à persister dans une situation, même lorsque nos besoins sont temporairement négligés. On ne prend pas ses jambes à son cou quand son conjoint est à l'hôpital et qu'on se sent délaissé. Bien sûr, le mot *temporaire* est ici crucial. Nous pouvons tolérer le provisoire, mais nous devons remettre en question ce qui est devenu permanent.

L'engagement s'apparente aussi à un ensemble de contrats à honorer. Il peut donc nous sembler empiéter sur notre liberté individuelle en nous donnant l'impression d'agir par obligation. Pour éviter cela, le mieux est de ne faire que des promesses que nous nous sentons capables de tenir, même si elles ne nous sont pas toutes agréables. En effet, s'engager, c'est être fidèle aux besoins de la relation, pas uniquement aux nôtres. Et quand elles naissent dans ce cadre, nos actions sont nécessairement guidées par nos choix. En revanche, si nous nous sentons contraints par le poids de l'obligation, c'est que nous n'avons pas réellement notre mot à dire. Heureusement, le sentiment d'être forcé de rester plutôt que de le choisir devrait finir par nous gêner. Alors, nous pourrons nous demander ce que nous désirons vraiment et librement faire de cette situation.

Nos peurs de l'intimité et de l'engagement sont les raisons qui nous poussent parfois à quitter trop tôt une relation ou un contexte qui pourrait fonctionner – mais l'inverse est aussi possible. Quand nous redoutons de nous présenter au monde en tant qu'êtres pleinement indépendants, c'est l'autonomie et notre propre maturité que nous craignons.

Être autonome, c'est vivre en accord avec nos besoins, nos valeurs et nos désirs profonds. C'est gouverner et choisir sa vie. C'est avoir un certain pouvoir d'action sur son monde, un sentiment d'autorité sur nos convictions et nos décisions. En tant que personnes autonomes, nous pouvons fièrement exprimer nos idées et nos points de vue. Nous nous sentons bien dans notre peau et avons une saine confiance en nous. Nous apprécions et assumons notre position d'individu dans la société. Nous sommes à l'aise avec le pouvoir et comprenons qu'il est à employer à bon escient, mais n'avons pas de honte ni de scrupule à le posséder.

Toute relation personnelle, professionnelle ou sociale comporte naturellement des limites. Et un adulte autonome respecte ces limites. Nous préservons notre indépendance dans le cadre de paramètres légitimes et raisonnables. Souverains, mais pas suprémacistes, nous respectons l'autonomie des autres tout en maintenant la nôtre, quitte à la défendre. Nous comprenons que si l'interdépendance est l'objectif vers lequel toute relation doit tendre, elle ne doit pas interférer avec notre liberté individuelle. Les liens qui lient les cinquante États américains au gouvernement fédéral fonctionnent de la même façon. Chaque État doit respecter le droit fédéral, mais a aussi sa propre législation que le gouvernement central ne peut contester.

Nous n'avons pas toujours conscience de notre peur de l'indépendance ou du fait que nous la craignons autant que l'intimité. Quand on a grandi dans le culte de l'obéissance, il peut être difficile de se convaincre, une fois adulte, que l'on peut effectivement faire ses propres choix sans craindre de représailles. Or, lorsque l'on doute ainsi de sa propre liberté, le risque est de chercher à l'asseoir par tous les moyens, même les plus maladroits. Résultat : nous nous retrouvons avec un ersatz d'autonomie, un permis d'agir plutôt qu'une pleine liberté d'action, une version adolescente et non adulte. Nous

nous montrons alors excessivement compétitifs, provocateurs, révoltés, inconstants… Autant de stratégies de mise à distance qui trahissent aussi, derrière les apparences, le fait que nous doutions de nous-mêmes et de notre droit à l'indépendance. Finalement, quand on craint à ce point de perdre son autonomie, c'est qu'on n'est pas si sûrs d'en avoir !

Pour identifier ses besoins dans une relation, il faut d'abord être libre de se connaître soi. Nos besoins recouvrent tout ce qui est nécessaire à notre évolution personnelle, mais encore faut-il, pour évoluer, s'envisager en tant qu'individu. Sans autonomie donc, impossible de créer des liens d'intimité. Il faut être quelqu'un avant d'être *avec* quelqu'un. C'est là le paradoxe de tous les liens et la clé de la réussite dans toute relation.

Nous avons fini par assimiler notre peur de l'intimité ou de l'engagement à la crainte de perdre notre liberté. Mais tout cela ne cacherait-il pas en vérité une peur plus profonde : celle de l'autonomie ? Si l'on y réfléchit, l'intimité et l'engagement ne menacent pas vraiment notre liberté. Le défi qui nous effraie réellement ne serait-il pas plutôt le suivant : trouver l'équilibre entre intimité et liberté. Nous avons, heureusement, les moyens de relever ce grand défi de la vie d'adulte.

Arrêtons-nous également sur la dimension sociale de ce jonglage entre liberté et vivre-ensemble. Notre problème, en tant que primates, est que nous nous sentons toujours plus proches de ceux qui nous ressemblent : notre famille, nos collègues, notre équipe, ceux qui partagent nos passions, notre religion ou nos convictions politiques. Cette forme de loyauté limitée et limitante crée des divisions, des préjugés à l'encontre de ceux que nous percevons comme différents. Et cette xénophobie ouvre la voie à la violence. En effet, notre « hormone de l'attachement », l'ocytocine, fonctionne dans les deux sens : elle nous rapproche de ceux que nous aimons, et nous rend hostiles envers ceux que nous ne connaissons pas. Nous apprécions les gens que nous pensons semblables à nous et nous méfions des personnes que nous imaginons différentes. Pour sortir de ces *a priori* ancrés en nous, il faut apprendre à connaître l'autre et à le comprendre, notamment grâce à l'exercice d'amour bienveillant présenté dans le chapitre suivant. Ainsi, quand les autres nous paraissent moins « autres », nous pouvons nous en rapprocher sans peur ni méfiance. C'est alors une victoire spirituelle que de passer d'une philosophie du « nous contre eux » à celle du « nous tous ».

La nature nous a faits tous différents, jusqu'à nos empreintes digitales. Et puisque tout ce qu'elle fait va dans le sens de l'évolution, nous pouvons en conclure que la survie et la prospérité de notre espèce reposent sur la diversité, et non sur l'uniformité. C'est un peu comme si Mère Nature avait attribué à chacun d'entre nous un registre de voix particulier : ténor, basse, baryton, soprano, alto... de quoi créer un chœur dont le but serait non pas la satisfaction individuelle, mais l'harmonie.

Enfin, n'oublions pas que la peur est la reine de la tromperie. Elle nous mène par le bout du nez, nous faisant craindre à la fois l'intimité *et* l'autonomie. Elle nous pousse à rester trop longtemps quand ça ne va pas, et partir trop vite quand ça pourrait s'arranger. En nous libérant de son emprise, nous repoussons le tyran qui nous dictait nos mouvements. Nous nous donnons les moyens d'ouvrir la porte, et d'en franchir le seuil ou non.

PETER PAN ET LA FUITE EN AVANT

L'expression *puer aeternus* désigne « l'enfant éternel » en latin. Dans les *Métamorphoses* du poète romain Ovide, il se rapporte au dieu Iacchos, tantôt associé à Cupidon, à Hermès ou encore à Pan, qui sont autant de personnages sournois et tricheurs, dits « fripons ». L'archétype du fripon trompe son monde en se présentant sous une fausse identité. Dans la mythologie antique, par exemple, Cupidon nous fait succomber au coup de foudre avant de nous retirer brusquement l'objet de notre amour, tandis que dans les contes modernes, on retrouve en Peter Pan certains de ces attributs.

Carl Jung voyait dans l'enfant éternel un aspect négatif de l'archétype de l'enfant (*puer*). Un archétype est un thème commun, une facette universelle de l'expérience humaine. Le *puer* est l'archétype de l'homme charmant, jovial et insouciant, bloqué au stade de l'adolescence. Ces traits de personnalité peuvent s'avérer très amusants pour un partenaire ou futur conjoint. Une telle vitalité peut même suffire à nous convaincre de rester avec quelqu'un, quand ce n'est pas son immaturité qui nous incite à vouloir l'aider à grandir. Nous retrouvons d'ailleurs ces deux arguments dans d'autres situations qu'il nous est difficile de quitter : nous restons pour le divertissement ou pour sauver l'autre.

L'enfant éternel est dépourvu de certaines qualités adultes, comme le sens des responsabilités, le goût de l'effort, la détermination ou le respect de ses engagements. Fantasque, il ne reste jamais assez longtemps en place pour bâtir une relation prospère. Voilà pourquoi l'archétype du *puer* nous intéresse particulièrement.

D'ailleurs, il ne concerne pas que les hommes. Quand les traits évoqués plus haut s'expriment chez une femme, le latin nous offre le terme *puella aeterna*, « la fille éternelle ». On retrouve cet archétype chez Core, la déesse-fille, mais il s'exprime aussi chez des personnes non binaires. Toutes ces caractéristiques sont définies dans l'ouvrage de Dan Kiley, *Le Syndrome de Peter Pan, ces hommes qui ont refusé de grandir* et dans son autre livre, *Le Dilemme de Wendy*, sur l'équivalent féminin.

L'enfant éternel vit dans l'illusion optimiste qu'un jour, son bateau voguera sans qu'il ait à travailler pour le manœuvrer.

Avec lui, il y a toujours quelque chose à attendre, un événement *imminent* qui fera de ses rêves une réalité. Il n'y a jamais de *plan* à suivre ni d'efforts à poursuivre. Il nous promet toujours un trésor quelque part au pied de l'arc-en-ciel, sans jamais la moindre pièce d'or pour le prouver.

Le *puer* voit dans le dévouement, envers une personne ou un projet, une forme d'emprisonnement. Il papillonne constamment d'un lieu et d'une activité à l'autre, car la stabilité serait pour lui une restriction. Les responsabilités sont, pour lui, non pas des preuves de sa fiabilité, mais des carcans. De plus, s'il fuit l'effort, c'est qu'il craint inconsciemment la réussite. En effet, cette dernière pourrait entraîner des devoirs qui l'empêcheraient de n'en faire qu'à sa tête et de vivre sa liberté d'adulte comme un adolescent.

L'enfant éternel éveille notre compassion quand nous prenons conscience qu'il n'agit pas par choix. Il est à la merci de pulsions inconscientes qui le poussent à aller toujours au plus simple, à se reposer sur les autres, à user de manipulation, à chercher le plaisir immédiat et à ne répondre qu'à ses besoins personnels. Le *puer* ne connaît pas ses propres sentiments. Il saute d'un fantasme ou d'une attitude à l'autre, en entraînant les autres dans sa course effrénée et sans fin. Il disparaît d'une relation, pour y reparaître plus tard. Il s'envole, emportant dans ses bras une demoiselle, l'abandonne en chemin pour poursuivre ses envies, et revient plus tard, avec une bonne histoire à lui raconter. Voilà pourquoi nous l'associons à Peter Pan, le personnage créé par l'auteur J.M. Barrie et nommé d'après le dieu de la nature, mi-homme mi-bouc. (La première mise en scène de la pièce faisait même apparaître le petit garçon avec une flûte de pan et une vraie chèvre.)

On comprend aisément pourquoi ceux qui tombent sous le charme du *puer* se retrouvent coincés. Charmant, rassurant, exaltant, il séduit tout le monde. Ses partenaires s'enlisent aveuglément dans une relation pleine de promesses illusoires. Le Peter Pan nous fait miroiter ce qu'il ne nous offrira jamais, et nous nous convainquons que notre patience sera récompensée. Il n'est pas facile non plus de percer à jour ses manipulations, quand il nous persuade d'aller à l'encontre de nos intérêts. Voilà comment l'éternel enfant fait de nous des perdants.

Dans ses relations, le *puer* cherche le partenaire idéal, mais la perfection n'existant pas, il se sert de cette quête idéaliste pour se prémunir contre tout risque d'engagement et d'intimité. Il se satisfera, par exemple, d'une petite amie choisie pour sa beauté, et attendra d'elle qu'elle s'occupe de lui sans rien lui promettre en retour. Il se peut qu'il soit riche et n'ait pas besoin de travailler, ou qu'il soit pauvre, mais se pense dispensé de gagner sa vie, car il se voit comme un être spécial, destiné à s'élever au-dessus de la foule ordinaire. L'enfant éternel forme son conjoint ou son ami à s'occuper de lui comme un parent, à subvenir à ses besoins et à répondre à ses désirs (qu'il renouvelle constamment).

La prise de risque est l'un des traits principaux de cet archétype. Quand il enfreint les règles, il ne s'imagine pas devoir en subir les conséquences. Son attitude s'apparente à du courage, mais n'est en fait qu'arrogance. Notre Peter Pan pense être né sous une bonne étoile qui le protège de tous les dangers auxquels il s'expose. Les autres mourront peut-être du cancer à force de fumer, mais lui est immunisé et ne se sent aucunement concerné par les mises en garde des autorités médicales. À vrai dire, il ne reconnaît aucune autorité.

Ce que personne ne remarque à première vue chez cet homme-enfant, c'est la blessure profonde qu'il cache. Sa perpétuelle fuite en avant n'est qu'un moyen de combler ce vide intérieur qu'il ne s'autorise même pas à admettre. Adopter un mode de vie sain nécessiterait de plonger aussi loin dans ses propres abysses qu'il ne s'élève habituellement dans le ciel pour les éviter. Il a beaucoup à apprendre des recoins sombres de son être, mais cela l'exposerait à un violent retour de bâton… celui du dieu Hermès, dieu grec espiègle par excellence. Or, le plus souvent, le *puer* s'évertue à éviter le miroir qui lui est tendu plutôt qu'à l'affronter.

Dans la mythologie antique, l'enfant éternel incarne aussi la transition entre la mort et la vie. Hermès a été nommé pour conduire les âmes aux enfers, à travers les ténèbres. Le *puer*, lui, peut se réveiller de son arrogance et se lancer dans une nouvelle vie s'il accepte de traverser l'obscurité de la douleur et du chagrin – tout ce qu'il avait si habilement évité jusqu'ici.

Quand on a peur d'affronter ses souffrances, c'est qu'on craint de ne pas avoir les ressources intérieures nécessaires. Le *puer* doute donc de lui-même, mais agit comme s'il se moquait de ses faiblesses. Il place son image au-dessus de son développement personnel. Pourtant, ce travail – bâtir et apprécier ses ressources intérieures, prendre le risque de mûrir – lui permettrait d'enfin se poser et de ne plus avoir à s'envoler par monts et par vaux. Ce n'est qu'à ce moment qu'il pourra nouer de vraies relations.

POURQUOI S'ACHARNER ?

Dans certaines situations, personnelles ou professionnelles, essayer d'arranger les choses ne sert à rien. Lutter pour une relation, un emploi ou un groupe dans lesquels on ne s'est jamais pleinement senti à son aise serait une perte de temps et d'efforts. Si nous n'y avons pas trouvé notre place, ce n'est pas par peur de l'engagement, mais parce que les circonstances ne nous ont jamais paru propices : il y a toujours eu des problèmes insurmontables, des questionnements jamais apaisés et des doutes sur la légitimité de notre présence. Tout cela cumulé nous a menés à toujours moins d'engagements. Nous n'avons pas été prêts à, ou capables de, nous y consacrer corps et âme. Nous nous sommes sentis de moins en moins impliqués.

Voici comment cela peut se traduire dans une relation amoureuse :

- Nous partageons de moins en moins d'activités, et nous nous excluons parfois même l'un l'autre.
- Nous n'avons pas et n'avons jamais vraiment eu les mêmes centres d'intérêt.
- Nous n'aimons presque plus rien faire ensemble, même pas l'amour.
- Toutes nos décisions ou presque ont pour but de créer de la distance entre nous.
- Aucun de nous deux ne se sent réellement compris, c'est-à-dire écouté, et pas simplement entendu. Chacun se sent ignoré et méprisé par l'autre.
- L'un ou les deux nourrissent de la rancœur envers l'autre.
- Il ne règne aucune atmosphère de réconciliation, aucune volonté de réparer ses erreurs, comme l'exige une relation saine.
- Nous nous punissons continuellement l'un l'autre.
- La communication est inefficace, car l'un ou les deux rompent constamment le dialogue.
- Nous ne pouvons (ou ne voulons) pas combler le fossé qui ne cesse de se creuser entre nous.
- La situation ne s'améliore pas, même avec l'aide d'une thérapie.
- Partir en vacances ensemble n'arrange rien.
- Nous ne nous soucions plus vraiment du bien-être de l'autre.

Tous ces signes nous disent de lâcher prise et d'arrêter de chercher à réparer ce qui ne fonctionne pas. Acceptons le fait que certaines choses ne peuvent pas être changées, sortons de notre immobilisme, et allons de l'avant. Notre sagesse intérieure nous indiquera si le moment est venu : quand le besoin d'« avancer » rime avec la nécessité de « renoncer », c'est que l'heure est au départ.

QUATRE

TRAVAILLER SUR CE QUI PEUT FONCTIONNER

Tout se résume à un choix : aimer ou ne pas aimer.
La nuit passera.
Puis nous entamerons un long travail.
Et enfin, le cygne déploiera ses ailes.
— Rûmî

DANS LE CHAPITRE PRÉCÉDENT, nous avons exploré les raisons qui nous poussent parfois à quitter ce qui pourrait pourtant fonctionner. C'est ce qu'il se passe quand nous partons trop tôt pour voir si la situation pourrait être modifiée, voire s'améliorer au-delà de nos espérances. À présent, intéressons-nous à ce qui pourrait, au contraire, nous aider à persévérer pour rééquilibrer les choses, c'est-à-dire à rester assez longtemps pour nous réinventer nous-mêmes ainsi que nos liens aux autres. Une relation, comme toute forme d'engagement, n'est pas un bouquet de fleurs séchées. Elle requiert au contraire, tel un jardin bien vivant, un entretien constant. Mais comment la soigner au mieux ?

Nous pouvons aborder ce travail de manière créative en *imaginant* que les choses fonctionnent comme on le voudrait. L'idée est de commencer par visualiser mentalement et sentir physiquement la réussite ou la satisfaction. Cette pratique peut être appliquée à tous types de liens : une relation amoureuse, un emploi, une religion ou une appartenance politique. Notre imagerie intérieure crée ainsi les conditions d'une réussite extérieure. Si nous visualisons une relation saine, cette image éveillera en nous l'optimisme nécessaire pour y croire. Il ne s'agit pas de s'enfermer dans une illusion en prenant ses désirs pour des réalités, mais de se représenter une possibilité, comme le font les athlètes qui visent l'or. Nous devons nous projeter sans nous leurrer ; visualiser notre potentiel, ne pas inventer l'impossible. Le geste est le même que lorsqu'un poète décrit un paysage.

Récemment, j'ai animé sur Zoom un atelier sur les vertus de la poésie avec, pour public, le personnel de l'unité de soins palliatifs de l'hôpital de ma région. Nous avons commencé par observer la photographie d'une clairière entourée de séquoias. Les rayons du soleil filtrant à travers leur cime illuminaient le sous-bois. Ils semblaient dessiner un chemin sinuant entre les troncs avant de sortir du cadre. Particulièrement absorbé par ce chemin tracé par le soleil, j'ai demandé, sur un coup de tête, aux participants de se concentrer sur ce qui attirait le plus leur attention. J'ai proposé à chacun de méditer une minute sur la partie de la photo qui le captivait et d'écrire quelques mots. Nous avons ainsi noté nos impressions dans la fenêtre de conversation, de façon que tout le monde puisse les lire. À ma grande surprise, nous avions tous, sans exception, écrit ce qui s'apparentait à de courts haïkus ! *Le simple fait de se concentrer sur l'image avait éveillé notre sensibilité créative et poétique.* J'avais prévu de demander au groupe d'écrire un poème, et voilà qu'il l'avait fait spontanément avant même que je le suggère. C'est là le pouvoir de l'image et de l'attention que l'on pose dessus. Les mots des participants avaient jailli d'une expérience activée par leur imagination et puisée dans leur cœur. En réalité, tout ce qui naît de l'imagination est un poème, puisqu'il s'agit d'une réaction de l'âme.

Il n'y a que dans l'imaginaire et le métaphorique que nous pouvons trouver la signification profonde de ce que nous vivons et ressentons. Comment la prose journalistique pourrait-elle décrire de façon exhaustive un événement marquant ? Les grandes expériences émotionnelles ne se transmettent qu'indirectement, à travers le prisme de la métaphore et de l'image. C'est pourquoi nous recourons au domaine de la poésie, un espace infini que l'ensemble des mots du dictionnaire ne sauraient remplir.

L'espace peut faire naître de nouveaux mondes.
— John Milton, *Le Paradis perdu*

RÉSOUDRE LES CONFLITS

Les conseils qui suivent n'auront d'effet que si toutes les personnes concernées s'y investissent. Quand un conflit émerge, il faut l'admettre, l'analyser, et espérer le résoudre ensemble. Que ce soit dans nos relations professionnelles, familiales, sociales ou autres, nous suivrons donc trois étapes : prendre le taureau par les cornes (affronter le problème directement) ; être à l'écoute de ses sentiments et de ceux des autres ; et enfin, s'ouvrir à la résolution du conflit.

Il arrive qu'on ne parvienne pas à « résoudre définitivement le conflit » et qu'on doive se contenter de « s'ouvrir à la résolution ». Plus une expérience est forte, plus il est difficile de tourner la page. Parfois, on a beau tout faire pour apaiser une vieille rancune ou refermer une blessure de l'enfance, le traumatisme, qu'il soit ancien ou récent, se loge dans l'esprit, le corps et le cœur, et laisse malgré tous nos efforts une cicatrice ineffaçable. Peut-être n'arriverons-nous même jamais à nous en détacher parfaitement, ni même à comprendre ce qui nous en empêche. Ce n'est pas comme si nous nous y agrippions consciemment. La rancœur, tenace, refuse simplement de céder, quelles que soient les techniques employées. Dans ces cas-là, nous faisons face au mystérieux sentiment d'inachèvement qui marque certaines expériences intenses : quelque chose demeure enfoui au plus profond de nous-mêmes, hors d'atteinte de notre compréhension ou de notre capacité à tourner la page. Le mot *profond* désigne « ce qui va loin sous la surface », à l'opposé de *superficiel*. En nous emmenant sous la surface, il nous plonge dans notre inconscient, un monde de mystères, donc, inaccessible à notre esprit conscient.

La profondeur caractérise aussi le chagrin, qui cache parfois un abîme de douleur inconsolable. En apprenant à se connaître, on découvre en soi une jungle, qu'il est impossible de pénétrer et encore moins d'explorer. Notre raison d'être sur cette terre dissimule également une signification que nous ne sonderons jamais entièrement. De même, le sens d'un poème gardera toujours une part d'inconnu, même pour son auteur. Car il n'y a pas que le *timing* qui comporte une dimension de mystère ; tout ce qui a plus d'une explication renferme une énigme. Sur la piste de danse de la vie, il faut savoir se laisser entraîner par les rythmes du mystère, suivre les pulsations de l'incertitude, de l'inachèvement et de l'insatisfaction – c'est là le premier enseignement du Bouddha. Nous n'aimons pas être confrontés à ce qu'il nous est impossible de contrôler, mais *ainsi va la vie*. Ces quatre derniers mots, nous devons les accepter à bras ouverts et nous prosterner à leurs pieds. En outre, une relation comportant des éléments irrésolus peut très bien survivre tant qu'on ne les laisse pas devenir des obstacles. S'engager ainsi pour l'amour, voilà ce qui le rend inconditionnel.

En gardant tout cela à l'esprit, nous pouvons toutefois entreprendre un travail en trois étapes pour gérer nos conflits à la maison, au travail et ailleurs :

- *Admettre* : Il s'agit de porter un regard sincère sur ce qu'il nous arrive et d'en parler franchement. On ne procrastine pas, on ne minimise pas et l'on n'édulcore pas le problème ou le conflit. On regarde la situation dans les yeux, même si elle nous renvoie un regard noir. Comme le dit Rûmî dans le poème « Amis d'enfance » : « N'ignore pas ce qui se trouve sous tes bandages. C'est par cette blessure qu'entre la lumière », celle de la guérison. Il faut *accepter* de voir ce qui nous fait souffrir pour en guérir.

- *Analyser* : Il faut ensuite prêter attention aux sentiments que la situation fait émerger en nous et chez les autres. Nous devons exprimer ce que nous ressentons et réagir à ce que les autres ressentent. Analyser, c'est examiner le contenu de nos émotions, l'événement, l'histoire. C'est un processus essentiel pour soigner une relation. Cela permet de remonter à l'origine de l'émotion, qui prend parfois sa source dans un événement irrésolu de notre enfance. Dans d'autres cas, c'est aussi l'occasion de se rendre compte de ce que l'on projette sur les autres et sur la situation. Cette étape requiert autant de courage qu'il en a d'abord fallu pour admettre le problème. Il s'agit d'affronter ce qu'il y a en nous, de la même façon que nous avons affronté ce qui était devant nous. Et dans les deux cas, cela nécessite de s'ouvrir aux réactions des autres.

L'analyse fait peur, car elle fait tomber le mur derrière lequel nous nous cachons : il est terrifiant d'imaginer que les autres puissent nous percer à jour trop clairement ou trop rapidement (là encore, le *timing* intervient). Cela nous impose de nous révéler, alors que nous ne sommes pas sûrs de pouvoir confier notre petit cœur à qui que ce soit. Peut-être est-ce là l'essence même de la peur de l'intimité ? La crainte de se montrer transparent, de voir ses motivations, ses besoins et ses faiblesses exposés au regard de l'autre.

- *Résoudre* : Résoudre un problème implique de laisser son ego de côté. L'idée n'est pas de se venger, de nourrir la rancune ou d'attiser les braises. Nous devons nous engager à être acteurs du changement, à agir différemment et plus efficacement. Nous devons nous promettre d'améliorer la situation et nous y tenir. Une résolution satisfaisante ne se résume pas à trouver une solution : elle doit permettre à toutes les parties concernées d'accéder à leurs ressources intérieures à travers la médiation. C'est là que l'on comprend que la relation referme en elle-même le pouvoir de la guérison.

Ces trois étapes ne sont pas que des outils d'apaisement. Elles permettent aussi de développer nos liens d'intimité et de soigner nos relations. En faisant chaque jour l'effort d'admettre, d'analyser et de résoudre ce que nous vivons avec l'autre, nous nous soutenons mutuellement à travers les cinq *A* : « J'observe ce qui nous arrive avec attention, affection, appréciation, acceptation et autorisation. J'analyse mes sentiments et les tiens avec ces cinq mêmes outils. À présent, je vois et ressens tout à travers le prisme de l'amour et de la réconciliation. » Être présent pour l'autre, c'est partager avec lui les cinq *A*. La plupart d'entre nous avons appris à fuir ces cinq clés de compréhension envers nous-mêmes et les autres. C'est pourquoi certains sont obnubilés à l'idée de raconter *leur* histoire ou de prouver qu'*ils* ont raison. Cet égocentrisme nous empêche de nous concentrer sur les émotions, besoins, souvenirs, croyances et problèmes irrésolus qui gravitent tout autour et en nous.

Il suffit parfois qu'un seul *A* nous fasse défaut pour que nous en souffrions. La douleur se manifeste alors différemment selon l'élément manquant, et peut concerner un vide remontant à l'enfance :

MANQUE D'ATTENTION : on me délaisse ; je me sens invisible, insignifiant.

MANQUE D'ACCEPTATION : on me rejette et l'on méprise ce que je suis.

MANQUE D'APPRÉCIATION : on ne m'apprécie pas à ma juste valeur, on tient ma gentillesse pour acquise.

MANQUE D'AFFECTION : on m'ignore physiquement ou l'on profite de moi sans réciprocité.

MANQUE D'AUTORISATION : on me contrôle ou l'on me manipule.

Tout en tenant compte de ces souffrances, nous devons veiller à ne pas nous poser en victimes chaque fois que nos besoins sont insatisfaits. Nous devons, en effet, accepter l'idée qu'il y a des limites à ce que les autres peuvent nous donner, et les traiter avec compassion, sans rancœur ni jugement. (Imaginez, à titre de comparaison, ce que ressent un enfant à la naissance de son petit frère : il est frustré de recevoir deux fois moins d'attention qu'auparavant, sans se rendre compte que l'amour de ses parents est en réalité également réparti entre leurs deux fils, et qu'il en recevait jusque-là plus qu'il n'en avait besoin !)

Voici trois questions à nous poser sans détour quand une relation nous semble chavirer et que la frustration se fait sentir :

- *Pourquoi la réaction de cette personne m'importe-t-elle autant ? N'essayerais-je pas, à travers elle, de combler un vide de mon enfance ?*
- *Les limites auxquelles je me heurte ne sont-elles pas communes à tous les êtres humains ? Sont-elles réellement et uniquement le fait de mes faiblesses ou de ma relation ?*
- *Dans le cas présent, dois-je insister pour voir mes besoins comblés comme je l'entends, ou est-il plus sain d'accepter ce que cette personne (ou situation) a à m'offrir, malgré ses limites ?*

Penchons-nous à présent sur l'action d'analyse. Ce qu'il nous est arrivé, l'histoire que nous avons vécue, représente un contenu ; l'analyse, elle, porte sur les sentiments associés à ces événements, sur leur signification profonde. Pour résumer, le contenu, c'est l'événement ; l'analyse, c'est ce que nous en retirons. Ce travail implique d'observer l'expérience présente et de s'y ouvrir : les questionnements, les doutes, etc. Ce coup de projecteur sur le présent n'exclut pas le passé, mais il le place momentanément entre parenthèses. Voyons donc comment aborder ces deux phases de l'analyse dans le cas d'une relation ou de tout autre type d'interaction.

Observer, c'est s'intéresser de près à ce que chacun dit ou exprime sans mot. C'est remarquer le langage corporel de l'autre et ce qu'il nous dit de ses sentiments, chercher les sous-entendus, les métaphores ou les images non verbales qui nous aideraient à pénétrer sa vie intérieure. Observer, c'est l'art de l'attention.

S'ouvrir consiste à accueillir les sentiments de l'autre avec empathie, à se connecter à la personne qui est avec nous ici et maintenant, sans la juger ni tenter de l'influencer, de la conseiller ou la critiquer. C'est être présent et porter avec soi les cinq *A* de l'attention, de l'affection, de l'appréciation, de l'acceptation et de l'autorisation. S'ouvrir, c'est ajouter de la sensibilité à l'analyse.

Une analyse reposant sur l'observation et l'ouverture se concentre donc sur :

- les sentiments et leur expression physique ;
- les sentiments émergeant de nos besoins, notamment les besoins d'attachement (se connecter à l'autre) et d'empathie (voir nos besoins compris et acceptés par l'autre) ;
- les sentiments faisant écho au passé, qu'il soit récent ou remonte à une vie antérieure ;
- les sentiments venant de nos croyances, projections, transferts, attentes, etc. ;
- les sentiments révélant des problèmes irrésolus, parmi lesquels les traumatismes du passé.

Le mot « sentiment » est souvent utilisé à tort et à travers. La tristesse, la joie, la colère, la peur ou la honte sont des sentiments. D'autres concepts, en revanche, semblent décrire ce que nous ressentons, mais portent en fait un jugement sur nous-mêmes ou les autres : isolement, rejet, abandon, mépris, culpabilité, insuffisance, enfermement, paralysie, solitude, exclusion… La phrase suivante nous montre pourquoi le mot « rejet », par exemple, renvoie à un jugement et non à un sentiment. Quand on se dit « Je me sens/je suis rejeté », cela sous-entend : « J'en conclus que les autres sont coupables d'être méchants, et moi, d'être antipathique. »

Les mots désignant ces *semblants de sentiments* sont utiles, voire importants. Ils nous aident à exprimer les nuances de ce que nous ressentons. Ils mettent le doigt sur des *sensations*, c'est-à-dire la façon dont nous vivons un sentiment. Il est d'ailleurs intéressant de remarquer qu'en anglais, les mots désignant les sentiments ont leur origine dans le vocabulaire anglo-saxon ancien, alors que la plupart de ceux liés au jugement sont formés sur des racines latines, importées *via* le français à partir de 1066.

Les opposés des *semblants de sentiments* listés plus haut désignent eux aussi des jugements : intégration, approbation, loyauté, considération, innocence, accomplissement, liberté, mobilité, accompagnement, inclusion… *Chacun de ces termes renvoie à une façon de vivre un ou plusieurs des cinq* A. Par exemple, la sensation d'inclusion est liée à ce que nous percevons de l'acceptation des autres. La sensation de liberté de mouvement se rapporte, quant à elle, au *A* de l'autorisation (attention, il ne s'agit pas là d'obtenir la « permission » de choisir, mais d'être soutenu dans nos choix).

On dit communément : « Je suis triste », mais en puisant dans l'immensité du vocabulaire du ressenti, nous pourrions préciser : « L'isolement me fait ressentir… », « L'exclusion me fait me sentir… » Chacun de ces exemples renvoie aux sensations qu'une expérience suscite en nous, à l'enveloppe qui enrobe les sentiments bruts que nous tentons sûrement de nier. Il est plus facile de nous tenir pour responsables de notre propre solitude ou d'accuser l'autre de nous avoir abandonné, que de ressentir notre *chagrin* à l'état brut, lui qui se cache d'ailleurs toujours derrière nos reproches. Que ne ferions-nous pas pour fuir ce que nous ressentons !

Analyser nos relations, ou toute autre interaction, avec ceux qui les partagent avec nous permet de créer une atmosphère sûre. Gagner la confiance de l'autre, l'amener à s'ouvrir et à se montrer vulnérable exige parfois du temps et un certain dévouement. À l'inverse, si nous ne lui faisons pas confiance, il est important de le lui dire. Ensemble, nous pourrons alors chercher comment bâtir cette confiance. Petit à petit, de manière répétée, chacun peut envoyer à l'autre des preuves de sa fiabilité : des signes de soutien, de sincérité et de fidélité ; des signes d'intégrité et d'amour. Nous devons nous engager à faire tout notre possible pour admettre, analyser et résoudre ensemble les difficultés que nous rencontrons.

Durant tout ce processus, nous devons aussi rester vigilants quant à nos motivations, car la volonté d'améliorer la relation ne doit pas venir d'un désir compulsif de contrôle. Certains d'entre nous ne supportent pas le désordre, l'inachevé. Nous ne voulons pas avoir à regretter quoi que ce soit. Nous ne voulons pas avoir à revenir plus tard sur nos sentiments et nos motivations. Or, on peut tenter de mettre de l'ordre dans le monde matériel, mais on ne peut pas organiser des liens humains sains ou notre propre développement intérieur. La meilleure des motivations pour travailler sur sa relation est de chercher à dire ses vérités à l'autre et d'agir selon ces dernières. La meilleure des motivations pour travailler à admettre, analyser et résoudre, c'est l'amour que l'on s'engage à cultiver.

Se consacrer corps et âme, sans aucune réserve, à une relation ou à tout autre engagement important est un pas important sur la voie de la générosité. Quand survient le moment où l'on se sent prêt à tout donner pour ce qui compte pour nous, c'est que nous y sommes : les moyens (ce qu'il faut faire pour arriver à destination) *deviennent* une fin en soi (la destination). Et ce raisonnement s'applique à nos relations : ce n'est qu'en se consacrant pleinement à une relation que l'on peut vivre une vraie connexion. Cela ne requiert pas pour autant un dévouement inconditionnel et continu ; nous sommes des êtres trop distraits pour cela ! Nous ne sommes capables que d'expériences immédiates. C'est donc en nous engageant sincèrement à l'intimité, dans le *moment* présent, que nous arriverons à l'amour inconditionnel. Ces instants sont à la fois tout ce qui compte et tout ce qu'il nous est demandé.

En chacun de nous sommeille une force qui ne demande qu'à évoluer pour exprimer tout ce que nous sommes réellement. Nous n'avons aucun effort à faire : nous sommes faits de sorte à toujours tendre vers une meilleure conscience de nous-mêmes. Carl Jung a écrit : « Il y a dans notre psyché un processus qui poursuit son propre but, peu importe les facteurs extérieurs [...], une tendance, un besoin quasi irrésistible de devenir la personne que nous sommes vraiment. » En d'autres termes : chacun de nous cherche à *se réaliser*.

S'accompagner l'un l'autre, en conscience – avec tout notre esprit et sans jugement –, aide chacun à se découvrir individuellement au sein de la relation. Plus qu'un contact entre deux personnalités, nous assistons alors à la communion de deux âmes. Cette communion se produit quand toutes les parties concernées cèdent à leur « besoin irrésistible » d'être elles-mêmes tout en aidant les autres, avec autant d'enthousiasme, à poursuivre le même but. Cette connivence sincère permet la rencontre des âmes.

Pour rendre tout cela possible, nous devons devenir témoins, et non plus juges, de nous-mêmes et des autres. Nous devons nous convaincre que c'est en prenant le temps de vivre nos sentiments et nos sensations que nous pourrons enfin nous ouvrir à la compréhension personnelle et mutuelle. Il est naturel de vouloir régler les problèmes dès leur apparition, d'éviter les sentiments compliqués, de tout faire pour s'en distraire. Néanmoins, pour communier et explorer une relation ensemble, nous avons besoin d'un espace sûr, sans dualité ; un espace laissant cours à un unique flux de conscience.

SOUS LA SURFACE : RAISONS ET RÉVÉLATIONS

Ce soir, Gertrude Stein a dit des choses qu'il lui faudra des années pour comprendre.
— Alice B. Toklas

Nous avons vu que certaines expériences profondes résistaient à nos efforts de résolution et de conclusion. Gardons en tête cette part de mystère, et examinons à présent nos motivations. Il en existe trois sortes :

LES TROIS DEGRÉS DES RAISONS QUI NOUS POUSSENT À AGIR OU NON	EXEMPLES DE RAISONS : « JE TE QUITTE PARCE QUE… »
La raison exprimée (en surface).	« Tu me trompes. »
Les raisons qu'il nous faudrait exhumer pour découvrir nos motivations profondes et réelles.	« Je sais qu'il existe des raisons plus profondes, liées à la nature générale de notre relation, que je suis incapable de définir aujourd'hui, mais que je pourrai explorer un jour. »
Des raisons logées trop loin dans notre inconscient ou trop mystérieuses pour être déchiffrées.	« Il y a quelque chose qui n'a jamais fonctionné entre nous, mais je n'arrive pas à mettre le doigt dessus. »

Peu d'entre nous cherchent à creuser sous la raison superficielle. Sonder les profondeurs a quelque chose d'effrayant : nous craignons d'y voir ce que nous ne pourrions pas supporter ou ne serions pas prêts à affronter. Nous savons pourtant que ce qui motive nos choix prend racine à différents niveaux. Imaginons qu'à 22 heures, seul chez moi, j'aie soudain envie de grignoter. Ma motivation consciente est la faim ou la gourmandise. Mais cela dissimule sûrement autre chose, une motivation inconsciente bien plus pesante : le besoin, par exemple, de me distraire de l'ennui ou de la solitude. Le biscuit que je mange représente bien plus qu'une sucrerie. C'est un remède d'apaisement. Enfin, il se peut qu'une autre raison, orbitant plus loin encore de mon esprit conscient, explique également ce comportement, mais qu'elle me soit inaccessible.

Les explications que nous formulons consciemment pour justifier notre conduite ne font qu'effleurer la surface. Sous cette dernière se cache un sens plus profond et révélateur. Par définition, ce qui est inconscient est hors de notre portée, mais cela ne doit pas nous arrêter ! Certaines vérités peuvent nous être inconnues sans pour autant être enfouies dans notre inconscient. Prêtes à être découvertes, elles se trouvent parfois plus près de la surface qu'on ne le pense. Nous pouvons y accéder en interrogeant nos sentiments et sensations du moment. Ainsi, lors de ma prochaine fringale nocturne, je saisirai l'occasion pour me questionner sur mon ennui. Et, en pratiquant régulièrement cette forme d'introspection, je pourrai cesser de me mentir à moi-même. Nul besoin, en revanche, d'aller fouiller plus loin pour percer l'énigme qui se tapirait derrière tout cela : notre psyché nous protège en nous empêchant d'en apprendre trop, trop rapidement. En revanche, plus nous développons notre conscience et nos ressources, plus notre vision du monde s'éclaircit et se précise. Psychologiquement, cela nous exerce à mieux comprendre nos motivations.

L'exercice suivant peut vous aider à explorer vos divers niveaux de motivations. Dans votre journal intime, réfléchissez et répondez avec une totale sincérité à chacune de ces quatre questions :

- « De quoi ai-je *besoin* en ce moment même ? »
- « Qu'est-ce que je *crains* qu'il arrive ? »
- « Qu'est-ce que j'espère *obtenir* ? »
- « Ai-je une perte à *pleurer* ? »

Les trois premières questions nous aident à identifier nos besoins, nos peurs et nos motivations réelles. Elles portent sur la base de nos choix et de notre comportement. La quatrième nous révèle ce que nous avons perdu ; ce que nous pensions recevoir, mais n'avons jamais eu ; ce que nous avons raté ; ce que nous espérions sans jamais l'obtenir. Chacune de ces questions peut nous aider à explorer le terrain de notre être et de nos relations, et nous mener à des découvertes étonnantes.

Imaginons que nous ayons peur de nous ouvrir à une véritable relation d'intimité dans notre couple. La raison qui nous vient tout de suite à l'esprit est la peur de perdre notre liberté – c'est la raison de surface. Toutefois, en creusant un peu, nous finissons par découvrir que ce que nous craignons réellement, c'est de nous montrer vulnérables. À ce moment-là, nous prenons conscience, pour la première fois peut-être, que nous n'avons pas confiance en notre partenaire. Si nous prenons nos distances avec lui, c'est pour nous protéger du danger que nous percevons, et non par crainte d'être privé de liberté. Cette raison que nous nous donnons en surface n'a peut-être aucun fondement. Notre véritable inquiétude – la raison profonde – concerne la confiance en l'autre (pourquoi elle nous fait défaut, où la plaçons-nous, comment la retrouver). Il peut aussi s'agir de la peur de perdre notre autonomie – ce qui n'est rien d'autre qu'un manque de confiance en soi.

Les quatre questions exposées nous permettent de sonder les profondeurs de notre être et de notre attitude dans nos relations. Mais le *timing* a aussi son rôle à jouer. Sur le mont Sinaï ou ailleurs, il faut être prêt pour vivre une révélation ! Si nous voulons savoir ce qu'il se passe réellement en nous, il faut que le moment soit venu de le découvrir. Or, il se peut que nous n'ayons pas encore développé les ressources intérieures nécessaires pour affronter toute la portée de nos motivations. Dans ce cas, nous devons respecter sans honte notre *timing*. En attendant, il est toujours possible de se risquer à entrouvrir la trappe de nos mystères pour jeter un œil à ce que nous sommes prêts à admettre.

Enquêtons maintenant plus en détail sur nos vraies motivations. Nous prendrons l'exemple d'une tâche professionnelle que nous ne cessons de remettre à plus tard. La raison que nous nous donnons pour justifier notre procrastination est la paresse. Mais nous devinons derrière cela une cause plus profonde. La réponse se trouve dans les quatre éléments évoqués plus tôt :

- Nous avons *besoin* de plus d'autonomie au sein d'un travail où nous occupons le bas de l'échelle hiérarchique.
- Nous avons *peur* de passer pour un lèche-bottes si nous accomplissons cette tâche trop rapidement. Cela revient à céder notre pouvoir et révèle, en outre, en creusant un peu, un certain dégoût de l'autorité. (La procrastination est en effet souvent une forme de révolte passive-agressive.)
- Nous décelons l'espoir d'*obtenir* la reconnaissance et l'estime des autres pour ce que nous accomplissons.
- Nous *pleurons* le fait de n'avoir jamais trouvé ni l'une ni l'autre dans notre travail. Nous estimons que nous ne sommes pas appréciés à notre juste valeur. Il se peut aussi que, pour ne pas admettre la peine que nous cause ce manque de reconnaissance, nous nous tournions vers la

rancœur et la vengeance (à travers, justement, la procrastination).

Nous comprenons à présent que notre tendance à remettre notre travail au lendemain n'est pas uniquement due à la paresse. S'arrêter à cette explication reviendrait à nager en surface au lieu de plonger dans les profondeurs de l'océan.

Si nous avions admis, dès le début, notre rancœur ou notre refus de la hiérarchie, nous n'aurions jamais eu besoin de recourir à la procrastination. Savoir ce qui se passe en soi, c'est s'ouvrir une voie royale, une autoroute dépourvue de tous ces péages que l'on trouve injustes. Ce savoir nouveau et précis nous aurait aidés à être plus concentrés sur notre travail, plus enthousiastes dans nos projets, et plus aptes à faire preuve d'initiative et d'innovation. Dans notre exemple, la procrastination n'est pas seulement le fruit de notre paresse, mais le témoignage d'un renoncement à nos formidables pouvoirs créatifs.

SE LIBÉRER DU TRAUMATISME

Nous passons de l'enfance à l'âge adulte telles des tortues transportant, où qu'elles aillent, leur maison sur leur dos. Nous pouvons aussi être des oiseaux volant de nid en nid vers de nouveaux horizons. C'est notre pouvoir d'être humain que de concilier les *origines* que nous portons sur nous à l'*originalité* qui guide notre envol.

Le chapitre précédent évoquait la peur de l'intimité. Nous continuerons ici à l'analyser sous l'angle des violences subies dans notre passé. Commençons par un exercice simple. Fermez les yeux et imaginez-vous dans une relation heureuse, fructueuse et satisfaisante. Une fois que vous visualiserez bien ce tableau et que vous vous sentirez pleinement dedans, ajoutez-y vos parents en tant qu'observateurs. Relevez l'expression sur le visage de chacun. Puis, ouvrez les yeux. L'un d'entre eux souriait-il ? Fronçaient-ils tous les deux les sourcils ? À présent vous savez si vos parents vous ont donné la permission d'être heureux.

La peur du rapprochement est parfois inscrite en nous depuis l'enfance, sans que nous l'ayons jamais remarquée. Elle y a pris racine quand les trahisons, les déceptions ou les mauvais traitements ont détruit notre capacité à faire confiance. Il se peut aujourd'hui que notre esprit conscient souhaite un rapprochement et nous encourage à entretenir une relation, mais derrière ce récit, notre corps tout entier est, lui, sur ses gardes, craignant la menace depuis notre jeune âge.

Les dangers du passé influencent nos peurs présentes. Si, enfants, nous avons été habitués à la violence et convaincus que nous la méritions, il est probable que nous le croyions encore maintenant. Le passé est toujours la voix qui résonne le plus fort dans notre psyché. Quand l'intimité nous a déjà fait souffrir au point de nous traumatiser, il s'est posté dans notre inconscient (c'est-à-dire notre corps) une sorte de sentinelle. Cette dernière surveille chaque mot, action et choix – les nôtres et ceux des autres – susceptibles de nous mener à un rapprochement auquel nous ne serions pas prêts. Depuis sa tour de guet, elle est à l'affût de tout ce qui pourrait nous mettre mal à l'aise et nous rappeler les blessures du passé. Au moindre signe de danger, la sentinelle s'alarme et nous indique toutes les issues de secours possibles. Le problème, c'est que le danger qu'elle perçoit – l'intimité complète – n'en est plus forcément un aujourd'hui. Et, avec un peu d'aide, l'issue consistant à repousser l'autre, directement ou de manière détournée, pourrait laisser place à un autre dénouement.

Une sorte d'enquêteur intérieur (armé de notre sensibilité et de notre mémoire inconsciente) nous analyse constamment à la recherche d'indices d'intimité authentique : donner ou recevoir de l'amour, prendre le risque d'être vulnérable, exprimer son besoin de l'autre, se fier à lui et se montrer digne de sa confiance, accepter le rapprochement physique, abandonner son ego, s'engager, communiquer à travers les conflits, se révéler tel que l'on est vraiment, avec ses défauts… En réalité, aucun de ces éléments n'est dangereux. Ce sont les chaînons qui nous relient. Les intégrer à notre vie ne peut qu'accroître notre amour et nous faire grandir nous-mêmes, en nourrissant la sincérité et l'affection au sein de la relation. Malheureusement, notre inconscient considère à tort ces composantes de l'intimité comme des menaces sournoises – une crainte ancienne, qui ressurgit chaque fois plus vive. Il se peut, par exemple, que nous redoutions de nous effacer complètement dans la relation. Cette peur peut provenir d'une expérience passée d'amour possessif. À l'époque, nous avions eu raison de fuir, mais un rapprochement sain ne constitue pas une menace pour un adulte conscient de ses ressources intérieures, dont la plus importante est l'ouverture à l'amour.

Nous recourons généralement au moyen le plus primaire pour restaurer une distance qui nous rassure : fuir par le conflit. Nous agissons de façon à contrarier, exaspérer, voire blesser l'autre. Même si n'avons pas l'intention d'être cruel, nous semblons incapables de nous en empêcher. Notre part d'ombre prend le dessus afin de nous protéger de ce que nous craignons tant : la vulnérabilité qu'implique une véritable intimité. Notre archiviste intérieur nous rappelle que nous avons été trahis par le passé, et qu'il serait donc dangereux de s'ouvrir aux autres. Il s'agit bien sûr d'un raisonnement faussé, que notre esprit logique pourrait réfuter, mais que notre amygdale tient pour vrai. Nous pensons devoir limiter notre connexion à l'autre, ce qui est un mécanisme de protection primitif. Les signaux d'alerte qui nous mettent en garde contre l'intimité sont intrapsychiques, c'est-à-dire qu'ils proviennent de nous-mêmes, mais nous semblent interactionnels, causés par des facteurs extérieurs. Imaginez que votre conjoint fasse quelque chose qui vous mette mal à l'aise, et que vous réagissiez en ayant des paroles cruelles ou en claquant la porte. Vous faites là ce que la sentinelle vous conseille : saboter le rapprochement et créer de la distance. Mais vous en accusez l'autre, ce qui est une forme de distanciation. Vous préservez votre cœur blessé tout en privant l'autre de l'amour dont il a besoin.

En comprenant mieux nos schémas dysfonctionnels de distanciation, nous devenons capables de nous excuser, de nous racheter et d'admettre (auprès de nous-mêmes et de l'autre) que nous avons agi par peur. Cela ne légitime pas notre comportement agressif, mais permet au moins de l'expliquer. Cette révélation rend possibles la guérison et la transformation. De plus, présenter des excuses est une forme de compliment, une façon de dire à l'autre qu'il compte et que notre connexion est importante. Demander pardon, c'est, après tout, soigner la relation, s'impliquer pour la faire durer.

Il convient d'ailleurs de distinguer les excuses qui servent notre ego de celles qui en sont affranchies. Des excuses égotiques incluent une explication visant à démontrer que l'on a raison ou que l'on a agi de façon justifiable : « Désolé, j'ai oublié ton anniversaire, mais j'ai été très occupé. » Des excuses authentiques n'ont pas pour but de nous sauver la face. Elles sont dites avec franchise et repentance : « Je suis désolé d'avoir oublié ton anniversaire. »

Il est possible de s'investir dans une nouvelle relation *sans* avoir encore renoué avec l'intimité. Toutefois, cela nécessite d'établir la confiance en faisant le choix de l'honnêteté et de l'humilité. Le mieux reste alors d'en parler ouvertement à son partenaire. Dans une relation, les premiers liens d'attachement annoncent généralement une intimité sincère et durable. Si nous n'en sommes pas capables, nous devons l'annoncer dès le début. Notre franchise doit éviter à l'autre de se bercer d'illusions : « Je donne l'impression de nouer avec toi des liens d'intimité, mais ce serait mal interpréter mes gestes de tendresse à ton égard. Je risque de te repousser ou de prendre mes jambes à mon cou si nous nous rapprochons trop. Je l'ai déjà fait et je risque de le refaire. Je te préviens, si je dois t'aimer, il faudra m'aider. Es-tu prêt à me soutenir dans mon apprentissage de l'amour ? Auras-tu l'énergie nécessaire pour m'épauler alors que je tente de me libérer de la peur ? » Eh oui, on peut être aussi ouvert ! On peut dénoncer ses peurs, et ainsi faire un pas de géant pour s'en affranchir. Pour guérir, il faut d'abord regarder et montrer ses blessures. Faire passer l'honnêteté avant les apparences est un acte courageux.

AUTORÉGULATION ET AUTOAPAISEMENT EN CONSCIENCE

Une relation ou une situation, lorsqu'elle devient source de stress, peut nous déstabiliser et nous faire mettre les voiles. Quand on a tendance à éviter les conflits, la seule solution possible semble être la fuite. Rester pour essayer d'arranger les choses nécessiterait de changer du tout au tout notre relation au chaos. L'autorégulation est la capacité à gérer calmement cette tornade qu'est le stress. Nous pouvons, en effet, apprendre à maîtriser notre anxiété. Nous pouvons choisir de persévérer pour résoudre un problème ou passer à autre chose. L'autorégulation ne nous permet pas uniquement d'affronter le stress du moment présent. Chaque fois que nous retrouvons l'équilibre après un épisode de turbulences, elle aide notre système corps-esprit à opérer automatiquement les ajustements et les mises à jour nécessaires. Nous obtenons ainsi une meilleure perception du présent et des horizons à venir. Nous sentons même monter en nous le courage qui nous aidera à affronter la prochaine tempête.

Pour profiter des bienfaits de l'autorégulation – et de l'auto-apaisement –, faites une pause entre la survenue du stress et votre réaction à ce dernier. L'idée est de prêter une attention pleine et consciente à ce moment de transition et à ce qu'il éveille en vous, sans jugement, ni peur, ni aucune forme de distraction. Ne vous attardez pas sur les pensées qui peuvent alors vous traverser ; laissez-les défiler en vous concentrant sur le rythme calme de votre respiration. N'encouragez pas vos pensées, mais ne les chassez pas non plus ; observez-les simplement aller et venir avec votre souffle. Laissez couler ! C'est exactement ce que nous devons apprendre à faire dans les situations de tristesse ou d'impuissance.

Dans les moments de pleine conscience, tout le Dharma nous est révélé. Nous découvrons notre véritable nature, faite de sérénité et de chaos, de courage et de peur. Nous perçons enfin à jour nos pensées persistantes et notre critique intérieur, de simples tigres de papier nés de notre esprit. En nous arrêtant pour observer le présent en conscience, nous gravissons, pas à pas, les trois degrés de l'acceptation, du courage et de la sagesse. En suivant la prière suivante, nous acceptons ce qui est, afin de le changer et de mieux appréhender l'avenir :

J'accepte la réalité des événements présents
Et fais tout mon possible pour y faire face.
Quand surviendra la prochaine épreuve, je ferai, là encore, tout pour la surmonter.
Je continuerai ainsi à déployer ou à rechercher le courage nécessaire pour changer ce qui peut l'être.
Quand toutes les voies du changement seront fermées, je dirai « oui » à ce qui est.
Je m'ouvre à la grâce qui me permettra d'agir de la sorte.

J'ai trouvé la sérénité d'accepter ce que je ne peux changer.
Une nouvelle porte, jusque-là invisible, s'ouvrira alors.
Elle m'offrira le don de la sagesse consciente, mon seul et véritable but spirituel.

Il y a une merveilleuse ironie dans ces moments de pause consciente, car nous fixer ainsi sur le présent nous prépare à notre prochain mouvement. Nous conjuguons ainsi immobilité et élan, vigilance et calme. Nous découvrons les lumineuses qualités de notre corps, de notre esprit et de notre cœur. Spirituellement, nous nous éveillons à notre lumière intérieure. Psychologiquement, nous prenons le chemin de la confiance en nous. Notons par ailleurs que notre « prochain mouvement » n'a pas toujours besoin d'être planifié, parfois il suffit d'ouvrir son esprit.

La pleine conscience peut aussi nous aider à vivre des relations sans égocentrisme. Quand l'ego est à la barre, c'est le naufrage annoncé. Il n'y a qu'en le laissant de côté que nous pouvons nous connecter sainement à l'autre. S'affranchir de cet orgueil, c'est s'ouvrir à une communication consciente, soit :

- Exprimer ses besoins sans forcer leur satisfaction.
- Exprimer son opinion une fois seulement, sans essayer ensuite d'en convaincre les autres. Il faut être conscient du fait que chacun voit les choses à sa manière, à travers le prisme de son expérience.
- Renoncer à tout jugement tout en évaluant la situation avec discernement. Juger, c'est rabaisser les autres ou en penser du mal ; c'est une forme de distanciation, mais aussi de contrôle visant à soumettre autrui à nos standards. Évaluer, c'est observer objectivement la valeur et les limites des choses. C'est partager ses impressions sans penser pour autant que les autres ont tort. C'est une

attitude que nous devrions tous cultiver (en laissant les jugements aux magistrats).
- Les principaux prérequis de la pleine conscience sont ceux de l'amour : être présent dans le moment présent ; refuser les actions négatives (accusation, contrôle, jugement, etc.) ; et rechercher la sérénité plutôt que le conflit.

L'autoapaisement et l'autorégulation sont également accessibles par une autre voie, connue de toutes les générations et de tous les peuples. L'être humain a découvert au fil des millénaires qu'il pouvait s'apaiser grâce à la poésie, la peinture, la musique ou la danse. Nous pouvons, en effet, réguler nos émotions à travers l'art. Un poème, qu'on le lise ou qu'on l'écrive, a le pouvoir de nous calmer. Regarder une œuvre ou la créer nous met en contact avec un espace harmonieux dans notre cœur et notre âme. On ne fuit pas à travers l'art, on s'envole vers des sommets qu'aucune autre ressource ne permet d'atteindre.

Sur ce sujet, rappelons-nous les mots de Carl Jung, dans *Ma vie : souvenirs, rêves et pensées* : « [J'appris] combien il est salutaire, du point de vue thérapeutique, de rendre conscientes les images qui résident, dissimulées, derrière les émotions. » Ouvrons-nous donc aux images qu'évoquent nos peurs, nos colères, nos peines et nos joies ! Mobilisons notre imagination pour faire apparaître ce qui s'anime au creux de nos sentiments. Chacun y découvrira des symboles qui lui sont propres. Pour nous entraîner, nous pouvons prendre l'habitude d'activer notre « fabrique à images » mentale chaque fois que nous éprouvons quelque chose. Nos sentiments se dessineront souvent sous la forme d'une comparaison, par exemple : « Je me sens nerveux comme un chat. » Nous visualiserons alors l'animal et son allure et tenterons d'écouter ce qu'il a à nous dire. Rappelez-vous, dans *Alice au pays des merveilles*, le chat du Cheshire, qui guide la jeune fille dans les moments de frustration ou de doute. Les dialogues entre Alice et le chat au large sourire ne sont en fait qu'une métaphore du pouvoir de l'imaginaire. Ils nous disent qu'une partie de ce que nous voyons dans notre esprit – ou dans le ciel – n'est qu'illusion, mais qu'on y croise aussi parfois des vérités plus vraies et plus sages qu'ailleurs, dotées d'un grand sourire énigmatique.

La nature a, elle aussi, des pouvoirs régulateurs et apaisants. Être seul face à une chute d'eau éveille en nous des choses que nous ne connaîtrons jamais au bureau. Flâner en forêt ouvre notre être comme cela ne lui arrivera jamais dans les allées d'un supermarché. Devant un arc-en-ciel ou au pied d'un saule pleureur, notre plénitude nous frappe comme nulle part ailleurs. Tous ces moments nous permettent de nous autoréguler et de nous soigner. Ils nous font prendre conscience que la nature n'est pas qu'un tableau ou un décor. C'est une vision de ce que sont, à leur niveau le plus sublime, l'expérience humaine et les transformations qui l'accompagnent ; une fenêtre sur l'aura invisible qui nous protège et nous révèle. Une fois que l'on comprend que cette plénitude se crée chaque fois que l'humain et le divin s'étreignent, tous nos doutes, toutes nos divisions disparaissent.

La Nature est un temple [...]
L'homme y passe à travers des forêts de symboles
Qui l'observent avec des regards familiers.
— Charles Baudelaire, *Correspondances*

ACCUEILLIR ET LAISSER S'EXPRIMER LES SENTIMIENTS

Tout ce que nous vivons est l'occasion de travailler sur nous-mêmes. Nous fuyons souvent nos sentiments et nos humeurs, mais il est, au contraire, important d'apprendre à les admettre en pleine conscience (sans se juger et en nous concentrant sur le moment présent). Notre monde intérieur devient alors un environnement favorable à notre développement, un lieu où nous sentir pleinement acceptés, où tout ce qui nous arrive a le pouvoir de nous faire grandir, où tout ce que nous ressentons est légitime et où la honte n'a pas sa place – une atmosphère propice à la transformation. S'il est *favorable*, toutefois, cet espace intérieur ne doit pas nous emprisonner, mais nous permettre de grandir. Prenons l'exemple d'un enfant : un environnement extérieur favorable ne l'incitera pas à rester éternellement au sein de son foyer ; au contraire, il le préparera à suivre son propre chemin. De même, notre environnement intérieur doit nous offrir la liberté d'explorer et d'accueillir le changement. Plus nous nous ouvrons à notre réalité présente (en admettant aussi nos résistances à cette dernière), mieux nous saurons la traverser. Notons ici un paradoxe : en acceptant les sentiments et humeurs que nous avions enfermés en nous, nous les ouvrons au monde. Comme lors d'une grossesse, ce que nous nourrissons en nous se révélera ensuite à la vie.

Voici les trois étapes à suivre pour cultiver un environnement intérieur favorable – et, à terme, libérateur :

- être le témoin attentif, plutôt que la victime, de tous les événements et interactions que nous vivons ;
- accueillir tout ce que nous ressentons et vivons sans honte ni jugement ;
- avoir confiance en notre capacité à laisser place à nos sentiments et à nos expériences, sans les laisser nous déstabiliser. En d'autres termes : accepter.

Ces trois étapes placent tout ce que nous ressentons et vivons dans le vaste espace de la guérison. Grâce à cette pratique spirituelle, nous nous extrayons de la domination de nos émotions négatives, des soucis ou encore de la dépression. Chaque sentiment et expérience deviennent pour nous un outil, une force utile et docile qui nous aide à surmonter les épreuves. Nous les déposons tous dans l'environnement spacieux et accueillant de notre santé spirituelle et mentale. Voici comment s'y prendre :

- Prendre le temps de vivre ce qu'il nous arrive plutôt que de le fuir.
- Ressentir tout ce qu'il y a à ressentir, sans minimiser notre expérience.
- Se demander ce que cette expérience exige de nous plutôt que de l'ignorer ou de l'esquiver.
- Accueillir ce qu'il nous arrive ou ce que nous ressentons avec chacun des cinq *A* : autoriser l'expérience à nous toucher, lui accorder une attention engagée, apprécier sa valeur, l'accepter pleinement et la retenir avec affection. *Lorsque nous les appliquons à nous-mêmes, ces cinq attitudes sont aussi les piliers de l'amour de soi.*

Grâce à cette pratique, nous passons d'adversaire de la peur à allié de la confiance. Nous devenons nous-mêmes, l'autre et tout ce que nous vivons. Cette hospitalité spirituelle nous illumine, nous et le monde entier. Grâce à elle, nous laissons entrer la lumière en nous. Nous nous montrons *présents* dans la réalité du moment. En fait, être présent se résume à ouvrir ses bras sans appréhension. En choisissant d'épouser notre propre réalité et en coopérant avec elle, nous apprenons à nous aimer. Nous cessons de résister et d'esquiver. Ainsi, et paradoxalement, c'est en baissant notre garde que nous nous sentons plus en sécurité : en marchant « dans la vallée de l'ombre », nous prenons conscience de ne « craindre aucun mal ». Car le mal, bien qu'il rôde, ne doit pas nous effrayer. Nous sommes notre propre berger, veillant sur nous-mêmes.

Pourtant, quand la grêle s'abat sur nous, sommes-nous réellement censés nous exposer aux éléments sans protection ? La vulnérabilité et l'ouverture ne nous mettent-elles pas parfois en péril ? Par exemple, quand nous acceptons les souffrances des autres au point d'en oublier nos propres limites, ne risquons-nous pas de sombrer nous aussi ?

Se laisser déstabiliser ainsi n'est utile à personne. (Et quand la grêle tombe, à ce propos, la réaction la plus saine est de s'abriter, pas de rester les bras ballants !)

Pour nous exercer à transformer ce qui nous arrive en un moteur de mouvement, de changement ou de développement spirituel, nous pouvons recourir à des affirmations. Devenus alchimistes, transmuons nos sentiments et expériences de plomb en occasions en or. Car n'importe quel trait de personnalité, choix regrettable ou action que nous déplorons peut devenir précieux.

Reformulez les déclarations suivantes avec vos propres mots. Chaque jour ou chaque semaine, recopiez-en une sur un papier et placez-le en évidence, de façon à le voir régulièrement (sur votre ordinateur, un miroir, votre téléphone, dans votre sac ou dans votre porte-monnaie). Répétez-vous ce message tout au long de la journée, à voix haute ou dans votre tête. Vous pouvez aussi faire un enregistrement audio de toute la liste, et l'écouter quotidiennement.

- Quand j'affronte les choses telles qu'elles sont, sans m'aveugler ni m'illusionner, une nouvelle voie se révèle à moi.
- J'entrevois mon prochain mouvement et je sens en moi le courage de l'entreprendre.

- Je me libère de toute attente et j'accepte la réalité. Quand on n'a aucune attente, on se rend compte qu'elles ne peuvent qu'être comblées !
- Je choisis de me passer d'issue de secours.
- Je n'essaye ni de régler ni de contrôler la situation dans laquelle je me trouve.
- Les dés sont jetés, je les laisse rouler et ferai de mon mieux avec le résultat obtenu.
- J'adresse un « oui » inconditionnel à moi-même et aux autres.
- Je remarque qu'en acceptant chacun tel qu'il est (moi compris), je ne juge plus ni les autres ni moi-même. En disant « oui » et en m'ouvrant, je me libère du « non » et de l'exclusion.
- À présent, je veux trouver dans tout ce qui m'arrive une grâce, un don du cœur sacré de l'univers, une lumière qui ne s'éteindra jamais, quelque chose qui m'enveloppe et se développe en moi.
- Je sais que j'ai en moi les ressources nécessaires pour surmonter cette épreuve et toutes les autres.
- Je souhaite à chacun de trouver la voie de la guérison et de l'espoir.

Puisque tout ce qui m'arrive ou se déroule en moi,
Sans exception,
M'offre l'occasion de progresser sur la voie
  de la spiritualité,
La réalité ne peut qu'être une bénédiction.
Chaque foi que je regarde la vie en face,
Au lieu de la nier, de l'éviter ou de m'y opposer,
Je touche au divin en moi et partout.

Lors d'une transition, au seuil entre deux états, nous ne sommes ni vraiment là ni tout à fait ici. Or, pour la plupart d'entre nous, la stabilité se résume au fait d'être incontestablement ici *ou* là. Pourtant, il faut pouvoir accepter l'instabilité pour passer au prochain chapitre de sa vie et accomplir le voyage qu'est la vie.

En un sens, le chaos est donc nécessaire à notre cheminement vers la plénitude. C'est le paradoxe de l'évolution, qui crée un nouvel ordre à partir de deux sources : la fin de ce qui meurt et le chaos qui s'ensuit. Nous émergeons de ce tumulte avec un objectif supérieur à la stabilité : l'harmonie, fruit de la synthèse.

En souriant, nous comprenons que si nous sommes sur cette planète, c'est précisément parce que « ce qui était » s'est avéré ne pas être assez. Sans nous, notre famille était incomplète. Au moment du Big Bang, la matière n'était pas satisfaite ; il lui manquait une chose : la conscience. Pour employer une métaphore religieuse, disons que Dieu voulait un « autre », alors il créa un monde. Mais quand cela s'est révélé insuffisant, il lui fallut le jardin d'Éden et nous – et cela a fait toute la différence.

> *Aucune tempête n'atteint jamais ce paradis des plus sereins où réside l'amour pur et parfait.*
> — William Backhouse et James Janson,
> *A Guide to True Peace*

PRATIQUER L'AMOUR BIENVEILLANT

Accueillir et laisser nos sentiments s'exprimer sont deux gestes d'amour – la voie suprême menant au courage de rester dans ce qui pourrait marcher. Le courage s'épanouit quand nous agissons selon nos valeurs profondes, peu importe le comportement des autres. Il est un engagement à la droiture et à la grandeur d'âme dans toutes nos interactions. L'amour, lui, prospère lorsque nous soignons nos liens avec les autres (conjoint, amis, collègues, associés…), et quand nous tenons bon malgré les conflits, en nous nourrissant de tout ce que nous donnons et recevons. En aspirant à agir dans l'amour bienveillant, nous refusons de nous laisser guider par un ego nombriliste ou craintif – l'ennemi de l'intimité et de la fraternité. Nous résilions notre abonnement aux états d'esprit hostiles. Une révolution copernicienne s'opère en nous : nous comprenons enfin que notre ego n'est pas au centre de tout. Nous adoptons une nouvelle façon d'être au monde, avec bienveillance et altruisme. Cette pratique nous porte dans notre volonté de rester et rayonne, bien au-delà de notre petit être, sur toutes les contrées où l'amour nous guide.

L'amour bienveillant aide à soigner les relations conflictuelles, difficiles ou rompues, à deux ou au sein d'un groupe. Il nous permet de raccommoder les liens abîmés avec bonté et attention. L'amour est généreux quand il n'exige pas de réciprocité. L'ego nombriliste se pense en droit de réclamer autant qu'il donne. Or, s'il est naturel d'espérer la réciprocité, il ne faut pas *s'y attendre*. Rechercher ainsi une contrepartie à nos actions est à l'opposé de l'amour inconditionnel. Cela revient également à nier le fait qu'il y aura toujours des personnes qui ne nous rendront pas la pareille ou qui ne se montreront pas reconnaissantes. Réclamer un rapport de réciprocité, c'est réduire l'amour et la générosité à des manœuvres d'investissement.

Pour être vertueux, il faut oublier ces raisonnements stratégiques. Nous devons aimer parce que c'est là l'essence de la vie, pas pour en retirer quelque avantage. Rappelons-nous les vers de W.H. Auden, dans son poème « *The More Loving One* » :

S'il est impossible de s'aimer également,
Je préfère des deux être le plus aimant.

Habituellement, quand nous souhaitons fuir une relation ou une situation, nous nous concentrons sur ce qui ne nous convient pas. Nous nous désespérons de ne constater, voire de ne parvenir à imaginer, aucun changement. La pratique de l'amour bienveillant nous offre un point de vue plus large. En nous appelant à aimer tous les êtres sans condition, de façon universelle, elle nous libère de notre fixation sur les défauts des autres. L'amour bienveillant arrache nos œillères. Il nous offre un regard neuf sur ce qui *peut* fonctionner, une nouvelle perspective, une confiance en nous renouvelée. Nous voyons alors qu'il est possible de pardonner à autrui, et que l'amour rachète leurs fautes. C'est là le plus grand pouvoir de cette pratique : plus notre amour est vaste, plus nous sommes disposés à soigner nos liens aux autres, ici et maintenant. Faire preuve d'amour bienveillant envers soi-même, c'est rester dans ce qui peut fonctionner, et se détacher de ce qui ne le peut pas. En ce sens, la pratique de l'amour bienveillant est au cœur de ce livre.

Voici comment aborder cette démarche selon les principes du bouddhisme. Pour cela, nous devons admettre que notre amour ne se limite pas à notre cercle proche, mais qu'il rayonne sur six cercles concentriques de relations. Le premier se résume à nous-mêmes (car nous sommes dignes d'amour). Le deuxième nous englobe nous, ainsi que les proches que nous chérissons : famille, conjoint et amis. Le troisième s'étend aux personnes envers lesquelles nos sentiments sont neutres : voisins, commerçants et connaissances. Le quatrième rassemble les individus avec lesquels les relations sont difficiles : nos ennemis, les personnes que nous n'aimons pas ou qui ne nous aiment pas. Le cinquième cercle ne figure pas dans la tradition bouddhiste : je l'ai ajouté en prenant conscience du poids du racisme et de la xénophobie. Il implique tous ceux que je considère comme différents de moi, c'est-à-dire « autres ». Le sixième, enfin, englobe tous les êtres, partout dans le monde. Avec ce dernier cercle, nous étendons la portée de notre amour aussi loin que possible. Nous aimons, sans réserve ni exception. Plus nous déployons notre amour, plus notre cœur grandit. La pratique de l'amour bienveillant fait de nous un être global, et non plus nombriliste.

Nous pouvons nous y exercer quotidiennement, en aspirant à ce que nous pensons être le plus précieux et le plus bénéfique pour nous et les autres : bonheur, absence de souffrance, éveil… Il s'agit de diffuser un amour égal à tous nos cercles, même si nous ne montrons pas cet amour de la même façon à tous. Ainsi, nous étendons notre bonté à tous les individus. Voici un exemple d'application, orale ou silencieuse, de la pratique de l'amour bienveillant :

J'aspire à mon bonheur.
J'aspire au bonheur de ceux qui me sont chers.
J'aspire au bonheur de ceux pour qui je ne ressens rien.
J'aspire au bonheur de ceux avec qui les relations sont difficiles.
J'aspire au bonheur de ceux que je perçois comme différents de moi.
J'aspire au bonheur de tous les êtres.

Répétez ensuite cette liste en remplaçant « mon bonheur » par « l'absence de souffrance », « aimer et être aimé », ou tout autre souhait positif.

Cet exercice peut s'appliquer à toutes nos affirmations ou prières. Au lieu de nous contenter d'annoncer : « Je renonce au contrôle pour partir en quête de ma véritable puissance », nous pouvons décliner cette phrase en l'étendant aux cinq autres cercles : « J'aspire à ce que les personnes que j'aime renoncent au contrôle pour partir en quête de leur véritable puissance », et ainsi de suite. Nous ne nous arrêterons alors plus jamais uniquement à nos besoins, mais étendrons nos préoccupations à tous les êtres. Nous ne chercherons plus seulement à combler nos désirs, mais inclurons tous ceux qui pourraient également les ressentir. Ainsi, nous nous grandissons, ou plutôt, nous autorisons notre âme à se déployer pleinement sur le monde qui nous entoure.

Prenons d'autres exemples. Disons que nous souffrions de dépression. Nous prononçons l'affirmation suivante : « Ma dépression s'allège chaque jour un peu plus. » Et comme nous avons conscience qu'il y a partout dans le monde d'autres personnes touchées par ce mal, nous ajoutons : « J'aspire à ce que toutes les personnes touchées par la dépression voient ce poids s'alléger chaque jour un peu plus. » À partir de ce moment, nous n'endurons plus la dépression de façon solitaire, mais au sein de la grande famille humaine. Nous avons notre place dans une communauté, et nous lui donnons une place dans notre cœur. Cette interconnexion nous soutient, ainsi que les autres.

De la même façon, si nous avons pour habitude de prier, nous pouvons étendre la portée de cet acte. Imaginons qu'on nous ait diagnostiqué une maladie grave. Nous prierons alors Dieu : « Aide-moi à trouver le chemin de la guérison. » Puis nous ajouterons : « Viens en aide à tous ceux qui, sur cette terre, souffrent de la même maladie. » En progressant dans notre développement spirituel, nous apprenons à ne plus limiter nos affirmations et nos prières à notre seul cas. Nous les faisons résonner bien au-delà de notre petit chez nous. Le poème « *The Good Morrow* », de John Donne, l'illustre bien : « L'amour [...] fait d'une petite chambre un monde entier. » En investissant notre foyer intérieur, nous étendons son périmètre à l'univers.

Au Iᵉʳ siècle, à Rome, l'historien juif Flavius Josèphe écrivait dans *Contre Apion* : « Il me semble qu'il sera un jour évident que les lois de la Torah nous guident vers l'amour inconditionnel de l'humanité. » Josèphe nous montre là la portée d'une pratique religieuse mûre, qui ne se limite plus à un peuple ou à une tradition, et encore moins à un individu. Sa vision universaliste peut s'appliquer à toutes les pratiques physiques, psychologiques et spirituelles. À vrai dire, nous pouvons voir dans ses mots l'expression même de notre raison d'être : « l'amour inconditionnel de l'humanité ». Nous évoluons *afin* que tous puissent évoluer avec nous. C'est ce que le bouddhisme appelle le *bodhicitta*, l'éveil que l'on atteint pour soi et pour en faire bénéficier tous les êtres. En d'autres termes, nous vivons pour tous. « Il deviendra un jour évident pour moi que mon existence me guide vers l'amour inconditionnel de l'humanité. » Laissez-moi vous conter une histoire. Un maître zen enseignait le tir à l'arc à son élève au sommet d'une falaise surplombant l'océan. Face à lui se tenait une cible, installée à quelques mètres. Pourtant, au lieu de la viser, il orienta son arc vers le ciel et envoya sa flèche dans l'immensité des flots. Se tournant vers son élève, il lui dit : « En pleine cible ! » Notre véritable trajectoire cosmique est celle que nous honorons avec tout notre amour, la cible d'une vie entière.

Pour nous guider dans la pratique de l'amour bienveillant, nous pouvons chercher l'inspiration dans des modèles de vertu, tels le Bouddha ou le Christ. Dans tous les cas, notre engagement ne doit pas vaciller lorsque les autres agissent différemment, nous moquent ou cherchent à nous écraser. La spiritualité n'est pas une stratégie servant à gagner, à avoir l'ascendant, ni même à nous sentir en sécurité. Nous nous y impliquons, nous l'habitons parce qu'elle est notre seule option maintenant que nous avons aperçu la lumière. Cette lumière, c'est la sagesse née dans notre cœur quand nous avons fait le choix d'accepter « ce qui est » et assumé « le courage de le changer » chaque fois que c'était possible. L'amour rend tout possible.

S'engager à vivre dans l'amour, sous quelque forme que ce soit, n'est pas nécessairement une tâche difficile qu'il faudrait s'imposer. Parfois, il suffit d'un moment d'illumination

– de grâce – pour se sentir appelé à l'amour bienveillant. Notre engagement peut aussi se faire naturellement et progressivement, à travers la sincérité de nos actions. Il n'y a alors pas d'illumination à attendre, puisque ce sont nos *actes* eux-mêmes qui nous illuminent en reflétant le meilleur en nous, notre Moi véritable. Cette transition vers la plénitude nous emplit d'une joie grisante, car nous y découvrons notre vraie nature. Tel le Bouddha durant sa vie, nous accomplissons notre destinée.

Nous agissons alors avec amour, bienveillance, conscience et intégrité sans même y penser. Ces vertus deviennent un automatisme, une part intégrante de notre existence dans le monde. Le philosophe romain Sénèque avait remarqué le même phénomène : « Ma bonté n'est plus intentionnelle, elle est devenue habitude, au point que je ne peux plus agir autrement que justement. » Saint Augustin, lui, écrivait : « Aime et fais ce que tu veux. » En d'autres termes, quand on aime véritablement, on est peu susceptible d'agir au détriment de soi ou des autres. L'amour bienveillant comporte ainsi une dimension éthique.

Comme nous l'avons vu plus tôt, la sphère personnelle s'ouvre sur la sphère sociale. L'amour bienveillant nous rend réceptifs à notre vocation, il nous appelle à participer à un environnement de justice, de paix et d'amour. Cette voix, au plus profond de nous, nous souffle qui nous sommes et ce que nous pouvons faire de notre vie. C'est là que nous trouverons notre vocation : au point de convergence entre ce que nous pouvons faire et ce qui nous rend heureux, entre nos talents et nos passions. L'alliance de ces éléments profitera à tous ceux que nous aimons. Nous les aiderons ainsi à notre façon, selon notre propre *timing*. Il se peut, par exemple, que nous nous sentions d'abord appelés à être simplement présents pour les autres, et à faire, plus tard, preuve d'héroïsme et de générosité. À ce moment, le spirituel laisse place au sacré.

À aucun moment de cette démarche nous ne devons chercher les éloges ou la reconnaissance. Nous devons adhérer au vieil adage anglais qui nous dit que « la vertu est sa propre récompense », mais faire toutefois preuve de gratitude quand notre comportement est salué. Comment ne pas remarquer que nous sommes plus connectés, plus soucieux des autres et, à vrai dire, du monde entier ? Nous aspirons désormais à nouer des liens plutôt qu'à progresser seul. Nous menons des relations plus saines, sans créer d'histoires ni entretenir de conflits. Tout cela nous aide à nous aimer et à nous estimer davantage. Voilà pourquoi nous nous attachons tant à travailler à ce qui peut être amélioré : se voir soi-même si sincère et engagé est la plus belle des satisfactions. Comme l'exprime le maître zen Dôgen, dans *La Vraie Loi, trésor de l'œil* : « [Les anciens bodhisattvas] n'attendaient aucune récompense. Ils n'étaient poussés que par leur engagement à agir pour le bien. »

L'amour bienveillant est un engagement universel et inconditionnel. Il œuvre dans trois directions : le Moi, les autres et le tout. En nous investissant pour notre changement personnel, nous agissons avec bonté envers les autres et avec empathie envers le monde qui nous entoure. Nous réveillons alors l'amour qui sommeille en chacun de nous. Voilà comment l'amour individuel peut révéler le lien unissant l'humanité tout entière. Voilà comment sa pratique quotidienne peut nous rendre plus à même de rester assez longtemps dans une situation qui pourrait fonctionner.

Dans ce livre, nous nous sommes principalement intéressés à nos préoccupations personnelles, aux situations que nous devions quitter ou non. Pourtant, nous voyons parfois nos proches lutter avec les mêmes hésitations. Convaincus qu'il est temps pour eux de rester ou de partir, nous les conseillons, allant même jusqu'à les pousser dans une direction ou une autre. Enfants, amis, conjoints, collègues ou confrères, nous sommes certains de percevoir clairement leur situation et la solution à leurs problèmes. Or, l'attitude la plus aimante et respectueuse consiste, au contraire, à renoncer à nos jugements et conseils. Au lieu d'essayer d'imposer notre sagesse personnelle aux autres, offrons-leur simplement notre présence et notre soutien, afin qu'ils puissent avancer à *leur* rythme, depuis *leur* point de départ.

J'aspire à montrer tout mon amour
De toutes les façons qui me sont données
Aujourd'hui et pour toujours
À tous, sans m'oublier
Puisque l'amour est notre essence
Et que l'exprimer est notre raison d'être.
Plus rien d'autre ne m'importe
Ni ne me procure plus de joie.
Puisse notre monde entier devenir
Un seul cœur sacré.

UNE SEMAINE DE MÉDITATIONS : RESTER

En guise de dernier exercice, je vous propose, chaque jour durant une semaine, de méditer sur l'une de ces citations et de répondre dans votre journal aux questions qui l'accompagnent.

Dimanche

On commence par se réconcilier avec ce que l'on a vécu et se tendre la main à soi-même. Lentement, très lentement, doucement, très doucement, nous laissons les enjeux croître en plongeant toujours plus profond dans nos sentiments les plus troublants. Nous découvrons ainsi peu à peu en nous la force et la bonté nécessaires

pour vivre, avec dignité et bienveillance, dans ce monde précieux malgré ses champs de mines. Forts de cette confiance, nous nous connectons plus aisément aux autres, car quand on est resté auprès de soi-même contre vents et marées, de quoi peut-on encore avoir peur ? Les autres peuvent bien provoquer en nous toutes sortes de réactions, nous ne ressentons plus le besoin de nous défendre en répliquant ou en nous renfermant sur nous-mêmes.
— Pema Chödrön, *Taking the Leap**

Comment m'accepter avec bienveillance tel que je suis ?
Quand ma relation traverse des temps difficiles, comment m'engager à améliorer les choses ?
Comment puis-je accepter le fait qu'on ne peut pas vivre heureux en permanence ?
Où puis-je trouver l'éveil dans ma vie, ma situation et mes relations présentes ?
Comment rester contre vents et marées auprès de moi-même ou de mes proches, ou comment partir ?
Quand les paroles ou les actes des autres me dérangent, quelles sont mes réactions ?
Comment pourrais-je réagir avec force et confiance ?
De quelles façons pourrais-je cesser de chercher à me défendre ?
Me laisserai-je un jour surprendre par la puissance et l'importance de ma part d'ombre ? Dans mon aveuglement, je remarque aisément celle des autres, mais ignore confortablement la mienne. Comment inverser cette tendance ?

* Livre publié en français sous le titre *Vivons sans entraves*, Le Courrier du Livre, 2017.

Lundi

L'inconnu d'une nouvelle expérience devient plus sûr que la sécurité.

— Daniel Lindley, *On Life's Journey Always Becoming*

Qu'est-ce qui, dans ma routine, ne m'intéresse plus
ou ne m'excite plus ?
Quelles idées neuves germent dans mon esprit ?
Comment pourrais-je en mettre une ou plusieurs
en pratique ?
Quelle a été ma dernière expérience inédite,
et comment l'ai-je introduite dans ma vie ?
Enfant, où puisais-je mon sentiment de sécurité ?
Enfant, comment accueillais-je de nouvelles expériences ?
Les trouvais-je effrayantes, stimulantes, repoussantes
ou attirantes ? Pour quelles raisons ?
Quelles ressources intérieures puis-je invoquer
pour me bâtir mon propre sentiment de sécurité ?
Comment solliciter le soutien et les encouragements
des autres ou d'une puissance supérieure
de façon à accroître ma confiance en moi ?

Mardi

De temps en temps, je pense à ma propre mort et je me demande ce que l'on retiendra de moi. J'espère que mon éloge funèbre ne mentionnera pas mon prix Nobel de la paix, mes études, ni mes autres récompenses. Je veux qu'on se souvienne de moi comme de quelqu'un qui a essayé d'aimer. Qu'on dise : Martin Luther King a essayé de nourrir les affamés, de vêtir ceux qui étaient nus, de rendre visite à ceux qui étaient emprisonnés, d'aider les aveugles à voir et les sourds à entendre. Je n'ai rien à vous léguer, ni faste ni

richesse. Je ne laisse derrière moi qu'une vie d'engagements. Jésus, je ne veux pas mériter ma place, à ta droite ou à ta gauche, par ma célébrité, mais par mon amour.
— Martin Luther King Jr., son dernier sermon
tel que restitué lors de ses funérailles

Comment souhaiterais-je que l'on se souvienne de moi ?
Qu'est-ce qui a le plus d'importance à mes yeux,
et comment mes actions le montrent-elles ?
Comment l'amour peut-il s'exprimer davantage
dans ma vie et mes relations ?
Ai-je confiance en ma capacité à pardonner avec amour ?
Que m'ont appris mes relations sur les liens
et les engagements qu'implique l'amour ?
Ai-je ou non renoncé à travailler sur mes relations ?
Quelles en sont les preuves dans mon comportement
avec les autres ?
Comment m'ouvrir à la joie des choses simples
au lieu de vouloir toujours tout compliquer ?
Comment prendre davantage conscience de l'impact
positif du travail que j'entreprends sur moi-même
et mes relations ?
Quel sera mon héritage ?

Mercredi

Le courant ne cessera jamais de s'écouler à travers nous, tout ce que nous avons à faire, c'est rester là en en ayant conscience. Il faut une vie de pratique pour demeurer toujours plus dans son flot.
— Richard Rohr, *Everything Belongs : The Gift of Contemplative Prayer*

Qu'est-ce que le courant charrie dans ma vie au moment
où je travaille sur mes relations ?
Comment rester dans ce que je vis de façon plus
consciente ?
Comment voir dans ce que je vis actuellement
un appel au changement et à la transformation ?
Que puis-je faire pour les mettre en œuvre ?
Comment vivrais-je le fait de rester assez longtemps
dans « ce qui est », pour progresser naturellement vers
un avenir qui me convienne mieux ou profite à tous ?
Quelles grâces m'attendent dans mon engagement
à renouveler et à améliorer les aspects de ma vie
qui le nécessitent ?
Comment accroître mon pouvoir à changer
ce qui peut l'être ?
Comment croire en ma capacité à faire
de mon mieux avec ce que je vis ?

Jeudi

Je veux me déployer. Qu'aucune parcelle de moi ne reste close, car là où je suis fermé, je suis faux.

— Rainer Maria Rilke, *Book of Hours*, *Le Livre d'heures*

Que devrais-je faire pour rester fidèle à moi-même
tout en travaillant sur ma relation ou ma situation ?
Parmi les comportements, croyances et attitudes,
lesquels me restreignent ? Lesquels me libèrent ?
Qu'est-ce que je cache, mais pourrais tenter d'ouvrir
au monde ?
Comment ouvrir mon cœur et mon esprit à ceux
en qui j'ai confiance pour nous rapprocher réellement ?

Si je ne me fie qu'à peu de personnes, comment
et à qui étendre mon cercle de confiance ?
Comment être plus fidèle à moi-même, et ainsi
développer mon estime de moi ?
Comment, en toute honnêteté, me déployer en tant
qu'individu au sein de relations et de situations qui
me mettent en difficulté. Comment ne pas seulement
l'espérer, mais réellement agir en ce sens ?
Quels sont les personnages que je joue
pour me faire accepter ?
Comment abattre les murs que je dresse
entre les autres et moi ?
Comment trouver en mon cœur l'espace nécessaire
pour me déployer, et tout faire pour me connecter
et communier avec les autres ?
J'écrirai un poème sur toutes ces questions aujourd'hui.

Vendredi

J'étais seulement sorti me promener, mais j'ai décidé de rester dehors jusqu'au coucher de soleil, car sortir, je l'ai découvert, c'est, en réalité, entrer en soi.
— John Muir, *Un été dans la Sierra*

Quand je suis au milieu de la nature, comment
puis-je écouter et regarder avec curiosité tout ce que
je rencontre ? Quelles leçons en tirer sur ma vie
et mes relations ?
Comment la nature me montre-t-elle que la vie se
renouvelle à travers une coopération perpétuelle ?
Quelles métaphores de ma vie puis-je trouver
dans la nature ? Les quatre saisons, par exemple,

reflètent peut-être les différents chapitres
de mon existence, qui se répètent sans cesse.
Les arbres qui se dressent vers les cieux sont aussi
enracinés dans le sol : cette image peut-elle s'appliquer
à moi, qui suis à la fois ancré et aspirant
à l'élévation spirituelle ?
Comment le fait de me ressourcer dans la nature
peut-il m'aider à m'ouvrir davantage dans mon travail,
sur mes relations ou sur ma situation ?
En quoi la lune, les étoiles et le soleil peuvent-ils m'aider ?

Samedi

Le véritable voyage de notre vie est intérieur : c'est celui de la croissance, de l'approfondissement, et d'une soumission toujours plus grande à l'action créatrice de l'amour et de la grâce dans nos cœurs.

— Thomas Merton, *Lettres circulaires à des amis*, septembre 1968

« Aller de l'avant » n'a-t-il pour moi qu'une signification
extérieure, ou puis-je me fier à ma vocation
pour entreprendre mon voyage intérieur ?
Qu'est-ce qui pourrait m'aider à me fier à mes ressources
intérieures, qui ne cessent de s'épanouir en moi pour
m'aider à me soigner, ainsi que mes relations ?
Je dois croire que rien ne me freinera ni ne m'arrêtera.
Comment reconnaître et réagir avec gratitude à « l'action
créatrice de l'amour et de la grâce » dans mon cœur ?
Comment agir *avec*, *dans* et *pour* mon cœur
– c'est-à-dire en m'engageant à l'amour bienveillant –
dans tous mes choix ?

Qu'est-ce qui, dans mon cœur, croît en silence et aspire
à se déployer pour embrasser le monde entier ?
Comment mon corps s'ouvre-t-il à la puissance spirituelle
qui se meut avec joie en moi ?

Mois après mois, les choses perdent de leur dureté ; même mon corps laisse à présent passer la lumière.
— Virginia Woolf, *Les Vagues*

CINQ

Le mystère du *timing*

Si ce n'est maintenant, cela viendra pourtant. Être prêt : tout est là.
— Shakespeare, *Hamlet*

LE *TIMING* désigne le moment propice, le « bon moment », celui où tout concorde de façon que notre décision coïncide avec nos capacités intérieures et les circonstances extérieures. Le *timing*, comme l'éveil ou l'arrivée du printemps, échappe entièrement à notre contrôle. Nous ne pouvons pas le provoquer : il doit venir de lui-même, à son rythme.

On distingue le *timing* graduel du *timing* subit. Le premier renvoie à l'achèvement d'un processus de développement. Un bébé a d'abord besoin de lait pour survivre, avant de pouvoir passer aux purées, et enfin aux aliments solides. Progressivement, il devient prêt pour de nouveaux types d'aliments, à un rythme dicté par son horloge biologique. Le printemps, le coucher du soleil ou le levage de la pâte à pain… tous ces phénomènes se font, eux aussi, graduellement.

Le *timing* subit, lui, désigne un événement ou une progression soudaine qui ne nécessite aucun développement préliminaire. C'est un coup de foudre, une idée qui surgit dans notre tête, une chute brutale sur une flaque de verglas, comme l'éruption d'un geyser qui ne répond à aucune planification humaine.

Parfois, ce que l'on perçoit comme un événement subit couvait en fait depuis longtemps. Le changement, le mouvement, la transformation se préparent partout autour de nous en tout temps, mais loin de notre esprit conscient. Dans de tels cas, ce qui semble « sortir de nulle part » s'organisait en fait depuis un moment en coulisses. Prenons une analogie amusante : dans l'atelier du père Noël, les elfes travaillent d'arrache-pied dès le 26 décembre pour fabriquer de nouveaux jouets pour l'année suivante. Pourtant, aux yeux des enfants, ces nouveaux jouets sembleront apparus « subitement » au pied du sapin. De même, une série de synchronicités est peut-être déjà en train de se mettre en place pour culminer un jour en une « soudaine » rencontre surprise avec un futur partenaire, bienfaiteur ou ennemi. D'un point de vue spirituel, nous évoluons, selon les mêmes principes, vers la pleine incarnation de notre conscience et de nos pouvoirs : avec l'aide de forces qui nous dépassent. *Quelque chose – j'ignore quoi, où et comment – œuvre perpétuellement pour me faire progresser, me préparer à la prochaine étape de ma vie, me préparer à l'éveil.*

Le mot *timing* recouvre différents sens : la synchronisation de deux événements, le tempo musical, la patience avant une action, la durée d'un intervalle, le choix du meilleur moment pour agir, le sentiment que ce moment est arrivé ou non. Le *timing* est aussi une notion employée dans le stand-up ou le jeu d'acteur. Pour nous, toutefois, il désignera ici cette mystérieuse action du temps qui rend possible un événement. Reprenons l'exemple de la pâte à pain. Nous faisons notre part du travail en préparant cette pâte, puis nous respectons *son* rythme. Nous attendons le bon moment : son *timing*. Cette durée, c'est le temps dont la pâte a besoin pour être prête, pour gagner sa pleine élévation. C'est un processus non pas soudain, mais lent.

Nous-mêmes nous sommes lentement formés dans l'obscurité du ventre de notre mère, jusqu'à ce que vienne l'heure de naître. Durant ces neuf mois de gestation, nous ne pouvions qu'attendre et croître. Quelle belle métaphore de ce que sont ces moments où seule notre patience est requise, quand rien ne se passe et que les choses se préparent. Cela doit aussi nous rappeler le suspense qui nous retient dans les moments sombres, et que nous évoquions dans le chapitre 1. Là, dans le ventre maternel, « suspendus » au cordon ombilical, nous avons dû, pour la première fois, rester là où nous étions, sans autre option que de croire qu'un résultat merveilleux surviendrait le moment venu. C'est parce que nous avons tenu bon que nous sommes venus au monde. Aujourd'hui, nous ne pouvons pas nier les milliers de renaissances que nous avons vécues, et que nous vivrons encore si nous choisissons de nous accrocher.

Le *timing* dépend aussi parfois des projets de la nature. Un équipage aura beau avoir préparé son navire avec soin, le voyage ne pourra commencer que lorsque le vent et la marée l'auront décidé. Peu importe que nous nous agitions sur le pont, nous dépendons humblement du *timing* de Neptune. Cette métaphore vaut aussi pour notre vie spirituelle : nous pouvons bien méditer chaque jour, notre éveil ne surviendra pas plus ou moins vite selon le temps que nous y passons. Notre pratique spirituelle n'est pas une manœuvre. L'éveil est l'un de ces *dons que nous accorde la vie*. Son *timing* est édicté de façon mystérieuse, sans lien avec nos actions, bien qu'elles nous mettent sur la bonne voie… sans aucune garantie, bien sûr.

Le diapason de l'univers a une fréquence différente chaque fois qu'il sonne l'ouverture d'un nouveau chapitre dans notre vie. Comment s'accorder à son *timing* ?

TIMING ET TEMPORALITÉ

Par quelque coïncidence, j'ai trouvé en moi l'esprit de l'éveil.
— Shantideva, *La Voie du Bodhisattva*

Parfois, le *timing* survient justement lorsque nous sommes prêts. Dans ce cas, il peut être le reflet de notre disposition et de notre volonté. Prenons un exemple. Disons que nous cherchions à gagner un tournoi d'échecs. Avant d'y parvenir, il nous faudra nous entraîner. Et une fois que nous aurons pris le temps d'acquérir les compétences requises, nous gagnerons. Il ne suffit pas de croire ou de souhaiter être prêt. Notre degré de préparation (dans cet exemple, la durée de l'entraînement) doit coïncider avec le *timing*. C'est quand nos compétences atteignent le niveau exigé que survient l'heure de gagner. Notre temps s'aligne alors avec celui de l'univers.

D'un autre côté, il arrive que nous doutions d'être prêts quand nous le sommes pourtant bel et bien. Nous pensons, à tort, avoir besoin de plus d'entraînement. Là aussi, la clé est de synchroniser notre temps sur celui de l'événement, et d'avoir confiance en ce lien. Nous devons nous aligner avec ce qui est prêt à arriver. Quand le « bon moment » concorde avec notre degré de préparation, nous assistons à un bel exemple de synchronicité (une coïncidence signifiante). Cela va au-delà de la synchronisation, car dans le cas de la synchronicité, nos efforts et notre détermination n'ont aucune importance : l'imprévu survient et nous rend prêts. Dans *Le Magicien d'Oz*, c'est parce qu'une tornade surgit de nulle part que Dorothy se retrouve prête à découvrir sa prochaine destination. Le « bon moment » survient parfois alors que nous ne sommes pas encore disposés à l'accepter. Le *timing* est doué d'une énergie, d'un élan propre et, comme une tornade, il débarque parfois sans attendre que nous lui ouvrions notre porte. Dorothy n'était pas synchronisée avec sa destinée ; il a fallu qu'elle y soit entraînée contre son gré, sans qu'elle s'y attende. Il s'agissait finalement d'un don de la vie, comme l'est le *timing* dans notre cheminement spirituel.

Quand un exemple de synchronicité se produit, à nous de suivre ou non le *timing*. Nous ne pouvons pas précipiter les choses, mais nous risquons gros si nous laissons filer l'occasion :

- Mardi : je ne peux pas partir et j'ignore pourquoi.
- Mercredi : je peux partir. Je me sens soudain prêt, sans savoir pourquoi.
- Jeudi : il est trop tard pour partir. J'ai laissé passer l'occasion, pour une raison que j'identifie clairement ou que j'ignore.

La synchronicité se situe aussi là où notre degré de préparation rencontre une occasion à saisir. Il peut y avoir là une coïncidence que nous n'avions pas prévue, mais qui nous sera profitable. C'est ce qui arrive quand nous obtenons notre diplôme pile quand un poste qui nous correspond se libère. Le *timing* est parfait. Nous sommes prêts au moment exact où l'occasion se présente. À nous alors de battre le fer tant qu'il est encore chaud…

Certaines personnes ont le don de percevoir le *timing*, de savoir ce qui fonctionnera, et de sentir quand commencer un projet, quand un événement sera prêt à se réaliser, quand rejoindre une nouvelle aventure et quand le moment d'agir est passé. Elles déchiffrent les signes de la vie comme personne, peuvent prédire ce qui fonctionnera ou non, et savent déceler les moments cruciaux de l'existence. D'autres, en revanche, ne parviennent jamais tout à fait à ressentir le *timing*, à s'en saisir pleinement ou à décrypter correctement les messages de l'univers. Ce chapitre peut, heureusement, nous y aider, mais gardons à l'esprit que le *timing* comportera toujours une part de mystère, et qu'il n'existe pas de méthode infaillible pour le détecter.

Parfois, le *timing* survient justement parce que nous avons agi, que nous nous sentions prêts ou non. Le phénomène est alors intentionnel : le seul fait de nous lancer nous rend capables d'accomplir ce que nous n'avions jamais fait auparavant. L'impulsion peut venir de nous-mêmes ou d'encouragements extérieurs. Cette combinaison de confiance et d'action annule tout besoin de préparation sur la durée. Examinons un exemple de situation dans laquelle il nous a tout d'abord fallu sauter le pas pour être prêt. Après notre année de CE2, nous sommes passés au niveau suivant. À la rentrée, nous n'avions jamais été en CM1, mais le fait d'aller en classe jour après jour nous y a rapidement préparés. En revanche, n'aurions jamais été prêts pour le lycée, peu importe le temps que nous y aurions passé. De même, nous ne pouvons pas être prêts à entamer un programme d'entraînement physique intensif tant que ni notre corps ni notre esprit n'y ont été conditionnés. Le *timing* – le « bon moment » – est inscrit dans notre esprit et notre corps, et ce sont les deux faces complémentaires de la plénitude.

Il est aussi possible que le *timing* survienne au moment même où nous sommes prêts. C'est ce qui se produit quand nous acceptons une idée qui nous paraissait jusque-là impossible. Quand nous voyons enfin ce qui se trame dans notre couple ou au travail. Quand nous finissons par digérer une vérité déplaisante sur nous-mêmes. Quand nous mettons en œuvre notre plan de carrière ou de retraite. Quand nous reconnaissons que quelque chose ne nous satisfait plus. Quand nous prenons conscience d'avoir besoin de plus de temps au lieu de baisser les bras. Quand nous découvrons ou exprimons notre orientation sexuelle ou notre identité de genre.

Dans tous ces exemples, le *timing* coïncide avec notre temporalité personnelle – notre aptitude, notre préparation, notre maturité, notre évolution. Voici quelques précisions sur la relation qui lie le *timing* à notre propre temporalité :

- Le *timing* agit comme un catalyseur. Dans ces cas-là, c'est lui, le *timing* – le temps qu'il faut – qui nous rend prêts. « La radio montre que ma cheville foulée est remise (elle a eu le temps nécessaire pour cela), je suis donc prêt à reprendre la marche » : le délai nécessaire à ma guérison m'a rendu apte à marcher.
- Notre *timing* coïncide avec celui d'une autre personne : « Quand j'ai été prêt à apprendre, un professeur est apparu. »
- La décision de partir ou de rester doit résister à l'épreuve du temps. Imaginons que nous ne soyons pas sûrs de réellement désirer quelque chose. Voyons alors si nous le voulons encore, sans douter, jour après jour, toute la journée, durant tout un mois. Autre exemple : pour déterminer si notre couple a encore une chance, nous pouvons choisir d'y travailler de tout notre être, chaque jour pendant un mois, pour voir si le changement est possible. Jours ou mois, la durée dépend de nous, mais l'épreuve du temps est essentielle pour savoir si l'on est prêt, et prendre de sages décisions.
- Parfois, le fait d'être prêts ou non dépend de capacités que nous mettons du temps à développer. Enfants, s'il nous est arrivé de visionner un film dont l'un des personnages entretenait une liaison, la dimension sexuelle de l'adultère nous a sûrement échappé, car nous n'étions pas assez mûrs. En revoyant le film une fois adultes, nous la saisissons instantanément.
- Il faut parfois creuser sous la surface et faire des recherches pour être prêt à découvrir la réalité. À 18 ans – justement, l'âge où l'on peut ou doit rejoindre l'armée –, beaucoup

de jeunes pensent qu'aimer son pays, c'est accepter de mourir pour lui. En grandissant, certains découvrent que la guerre est trop souvent le jouet de grandes industries assoiffées de profits. Et ce n'est pas nouveau, puisque le dramaturge grec Eschyle, mort en 456 avant notre ère, écrivait déjà : « Le dieu de la guerre est un changeur d'argent et de cadavres. »

- Notre degré de préparation dépend directement du développement dans le temps de certaines capacités : « Je ne peux connaître l'ampleur de mes préjugés qu'une fois acquise l'humilité qui me permet de les admettre. »
- Le *timing* et la préparation peuvent nous apparaître par la grâce, offerts par la vie. Sans aucun effort de notre part, sans que nous ayons à les mériter ni à les planifier, la prise de conscience ou l'action surviennent, tout simplement. Dans ces cas-là, il ne nous reste qu'à être reconnaissants. Quelque chose – nous ignorons quoi, comment et pourquoi – est toujours à l'affût des développements de notre cœur et, sans intervention de notre part, déclenche les événements*.

Il arrive que nous ne soyons pas prêts et que le *timing* ne soit pas bon. Imaginons que notre conjoint nous trompe. Nous le sentons et le devinons, mais ne pouvons pas – encore – le concevoir consciemment et explicitement. L'ambiguïté persiste, car nous ne sommes pas prêts à intégrer cette information. Nous ne devons toutefois pas nous en vouloir d'être parfois aveugles. Comme nous l'avons vu, le bon moment ne peut nous apparaître que si nous sommes prêts à savoir *et* à agir. Notre temporalité propre doit coïncider avec le *timing* dans une

* Si ce sujet vous intéresse, je vous invite à découvrir mon livre *The Power of Grace : Recognizing Unexpected Gifts on the Path* (Shambhala, 2014).

osmose parfaite. Notre corps et notre esprit doivent être prêts à absorber un choc qui nous semble peut-être insurmontable pour le moment. C'est là que la pratique de la pleine conscience peut nous aider. Le temps de la méditation, l'observation de notre propre esprit nous permet de le préparer à la vérité. Une telle clairvoyance n'est possible qu'une fois abattues les habituelles barrières de l'anticipation, de la projection et des espoirs vains – et c'est exactement ce qu'accompli la pleine conscience, tout en nous délivrant de la peur de notre propre vérité.

De même, se libérer de la culpabilité face à la souffrance des autres peut demander du temps. Semaine après semaine, un père accompagne son fils héroïnomane aux réunions de son groupe de parole. On lui répète chaque fois que l'addiction d'un enfant n'est pas la faute de ses parents, mais il ne le croit jamais vraiment. Puis un jour, alors qu'il entend cette phrase pour la énième fois, il la comprend. Il fallait que le *timing* soit bon pour qu'il soit « prêt à l'entendre ». Et maintenant que cette vérité a trouvé un écho en lui, il ne l'oubliera pas. Comment et pourquoi cela se produit-il ? Ce n'est pas par hasard si j'emploie l'expression de « mystère du *timing* »… S'incliner devant le mystère – l'admettre et l'accueillir – nous aide sur le plan spirituel, en nous poussant à cultiver notre humilité. Cette dernière, comme toutes les vertus, nous conduit à être prêts.

Parfois, s'il nous est impossible d'intégrer un fait, c'est que nous n'en avons pas encore la capacité. « J'ai encore beaucoup de choses à vous dire, plus que vous pouvez en porter pour l'instant » (Jean 16,12), annonce Jésus à ses disciples, pas encore prêts à recevoir l'immensité de son enseignement. Cette situation, le Bouddha l'a lui aussi connue avec ses élèves. Dans d'autres cas, nous sommes en mesure de connaître les faits, mais pas leurs implications. Ces sens cachés se révéleront peut-être un jour à nous, car tout finit par venir en son temps. Le *timing* peut être constitué de multiples strates. Par exemple, un lycéen qui lit

Macbeth n'en comprendra que les intrigues élémentaires. Plus tard, en voyant la pièce jouée à 40 puis à 60 ans, il en percevra de toutes nouvelles nuances. L'accès aux différents sens profonds de l'œuvre est directement lié aux expériences que nous vivons, et qui nous y préparent au fil du temps.

Dans sa complexité, le *timing* est parfois le résultat d'apparentes contradictions. Le lycéen qui découvre *Macbeth* y voit un personnage tragique dévoré par l'ambition. À 40 ans, il critique son immoralité, ou se demande s'il n'a pas fait des choix semblables aux siens. Vingt ans plus tard, c'est avec compassion qu'il regarde ce personnage, sans pour autant excuser son comportement. On n'obtient un portait complet d'une personne – Macbeth, nous-mêmes ou n'importe qui – qu'une fois qu'on l'évalue avec compassion. Cela peut prendre des années, et c'est pourquoi seul un *timing* graduel peut provoquer l'éveil spirituel.

Le *timing* peut survenir à un moment où s'unissent deux opposés. Dans la *Pietà* de Michel-Ange, la figure de Marie tenant le corps sans vie de Jésus représente à la fois la mort et la promesse de la vie, le chagrin actif de la perte et l'espoir silencieux de la résurrection. La nature, elle aussi, conjugue mystérieusement les opposés. La carcasse d'un zèbre nourrit la vie du vautour. L'hiver, qui achève d'enterrer l'été, est aussi le repos qui prépare la naissance du printemps. Le cours d'eau qui coule à mes pieds et se jette au même moment dans l'océan, à des kilomètres de là, fait coexister devant moi le présent et le futur. Notre corps éphémère a, comme l'a formulé la Cléopâtre de Shakespeare, des « désirs d'immortalité »... La thèse et l'antithèse qui nous tiraillent parfois s'ouvriront, le moment venu, sur la synthèse qui les unira enfin, pour s'épanouir en quelque chose de nouveau.

Le tableau suivant compare les caractéristiques de notre temporalité à celles du *timing*.

TEMPORALITÉ INDIVIDUELLE	TIMING
« Je suis prêt. »	« Le moment est venu. »
Progresse de façon linéaire.	Ne répond à aucun schéma, ordre ou logique.
Énergie du yang, initiative, action.	Énergie du yin, acceptation des événements.
Compréhensible.	Mystérieux.
Provoqué par nos efforts ou nos projets.	Se produit spontanément ou par hasard.
Résulte de la pratique ou de la maturation.	Est fortuit, accidentel.
Phénomène individuel qui n'est peut-être pas en phase avec l'époque (exemple : un couple gay aspirant au mariage dans les années 1950).	Facteurs extérieurs favorisant l'aspiration individuelle (les lois, la société ont fini par évoluer).
Sensible aux coïncidences.	Fondé sur la synchronicité.
Requiert notre consentement.	Ne dépend aucunement de notre consentement.
Il est possible d'y travailler ou de le pressentir.	Il est impossible de le planifier, mais on peut l'anticiper ou l'attendre.

Dans *Othello*, Shakespeare nous rappelle qu'il est inutile de chercher à comprendre le *timing* : « Ne sondez plus avant cette affaire ; laissez-la au temps. » La langue grecque a deux mots pour désigner le temps : *chronos* pour la durée, la succession de moments linéaires ; *kairos* pour le moment opportun, celui où toutes les conditions sont réunies pour agir – le moment d'embrasser notre vocation, par exemple. À ce dernier, nous réagissons avec empressement, sans aucune hésitation. Nous savons que le *kairos* a sonné quand notre réponse se fait naturellement, sans nous donner l'impression d'être un choix. Elle nous semble alors s'accorder parfaitement avec ce qui est prêt à survenir, et peut-être même avec notre destinée. Nous n'avons pas à creuser : nous glissons libres, portés par la grâce. Le *kairos* fait du temps une expérience personnelle. David R. Loy, dans *Notes pour une révolution bouddhiste*, le décrit bien : « Le temps ne m'est pas extérieur. Au lieu de me situer *dans* l'espace et le temps, il serait plus juste de dire que je *suis* le produit de leur action, ici et maintenant. »

Quand on comprend que seuls l'ici et le maintenant sont réels, il apparaît clair que le *kairos* n'a ni début ni fin. Tout est simultané et ne se déroule que là où nous sommes. C'est ce que le rabbin Arthur Green décrit dans son ouvrage *Radical Judaism* comme « un "lieu" intérieur où la séquence linéaire du temps n'a pas cours ». Quand le temps n'existe que maintenant, notre esprit ne s'inquiète pas pour l'avenir et ne regrette pas non plus le passé. Nous passons le pas de la porte de l'éveil, libérés de la peur, du désir et du regret.

Connaître son propre *timing* face aux grands choix de la vie n'est pas une tâche aisée. Virginia Woolf, dans ses notes pour le roman *Les Vagues*, écrivit : « Il y a des vagues qui marquent une vie, des conclusions qui n'ont rien à avoir avec les événements. » Imaginons que nous ressentions le besoin de nous isoler durant une longue période, mais que, précisément, le jour de notre mariage arrive. Il semble alors que nous n'ayons pas perçu ou suivi correctement notre *timing*. Nous avons agi en fonction d'événements qui ne correspondaient pas à notre temporalité intérieure.

Dans *Jules César*, Shakespeare écrit :

« Il y a dans les affaires humaines une marée montante ;
qu'on la saisisse au passage, elle mène à la fortune ;
qu'on la manque, tout le voyage de la vie s'épuise dans les bas-fonds et dans les détresses.
Telle est la pleine mer sur laquelle nous flottons en ce moment ;
et il nous faut suivre le courant tandis qu'il nous sert,
ou ruiner notre expédition ! »

Cette citation nous rappelle que la fenêtre d'opportunité est parfois restreinte. « Suivre le courant tandis qu'il nous sert, ou ruiner notre expédition » ; voilà un avertissement qui nous dit bien de battre le fer tant qu'il est encore chaud ! Nous avons tous des regrets concernant une occasion unique qu'on aurait laissée filer : « J'aurais dû me lancer à ce moment-là. » D'un autre côté, si le *timing* n'était pas bon, cela n'était pas possible : nous ne devons pas nous en vouloir d'avoir traîné des pieds alors que la cloche n'avait pas encore sonné. Il faut qu'elle retentisse pour que notre cheval de course puisse s'élancer… et que les paris soient lancés.

Enfin, comprenons que l'éveil, tel que le conçoit le bouddhisme, nous libère entièrement des restrictions du temps. Il est toujours et déjà réel dans un présent éternel :

Ce corps même est le Bouddha,
Ce moment même est l'éternité,
Ce lieu même est le paradis du lotus.
— Hakuin, poète zen japonais

HONORER LE MOMENT DE PARTIR

Le *timing* est lié aux deux sujets que nous avons explorés : le fait de rester trop longtemps dans ce qui ne fonctionne pas, et celui de partir trop vite de ce qui en a le potentiel. Examinons-le donc sous ces deux angles.

Voici d'abord plusieurs pistes pour nous ouvrir au fait que le *moment est venu* d'aller de l'avant :

- Quand notre faculté à nier l'impasse dans laquelle nous nous trouvons finit par vaciller, il ne nous reste plus qu'à admettre son caractère insoutenable. Nous développons alors notre faculté à affronter la réalité hors de toute illusion. « C'est comme ça et je n'y peux rien » remplace alors « Avec de la patience, les choses finiront peut-être pas changer. »
- Il est parfois possible d'ignorer le *timing* pour « se lancer » tout simplement. Nous pouvons, par exemple, agir comme si nous étions prêts à demander une augmentation, même si nous doutons encore de nous-mêmes ou craignons une réponse négative. Le *timing* s'incline alors humblement devant le lion de l'audace.
- Pour respecter son *timing*, il faut admettre ce qui est prêt à changer. Dag Hammarskjöld, dans *Jalons*, l'évoque de façon franche : « Je ne sais pas qui – ou quoi – a posé la question, je ne sais pas quand elle a été posée. Je ne me souviens pas d'y avoir répondu. Mais à un moment, j'ai répondu *Oui* à quelqu'un – ou quelque chose –, et depuis lors, je suis certain que l'existence a un sens et que, par conséquent, ma vie, dans l'abandon, a un but. Depuis cet instant, je sais ce que c'est que de "ne pas regarder en arrière" et de "ne pas s'inquiéter du lendemain". » Si l'on veut avancer, il faut accepter le fait qu'il est humain

de redouter l'inconnu. Ce n'est ni une maladie ni une punition. C'est notre condition. Le cheminement de l'existence impose l'incertitude comme compagnon du changement.

- Il arrive qu'une autre personne nous encourage à ignorer notre *timing* pour agir. C'est ce qu'il se passe quand un professeur de sport bienveillant, ayant plus confiance en nos capacités que nous-mêmes, nous encourage à nous dépasser alors que nous ne nous sentons ou ne nous pensons pas prêts.
- Notre corps sait parfois avant notre esprit que le moment est venu. L'inverse est également vrai : parfois, notre esprit sait que nous sommes prêts avant notre corps.
- Parfois, c'est quand nous sommes au fond du gouffre que le moment opportun se révèle à nous. Nous devons apprendre à lever les yeux pour apercevoir la lueur de l'espoir brillant au-dessus du fossé.
- La révélation, le moment d'« *Eurêka* ! » qui nous indique que le moment est propice au grand saut peut survenir en tout lieu et en toutes circonstances. C'est là le pouvoir de la grâce, la beauté des dons que nous offre la vie. Ainsi, en honorant la grâce, nous honorons le *timing*.
- En cherchant des réponses au-delà de notre ego, nous découvrons *en nous* une puissance supérieure : « À quelques exceptions près, nos membres s'aperçoivent qu'ils ont découvert des ressources intérieures insoupçonnées, qui deviennent pour chacun d'eux leur conception d'une Puissance supérieure. » (Les Alcooliques Anonymes)

HONORER LE MOMENT DE RESTER

Dans nos relations personnelles ou professionnelles, nos engagements ou notre logement, nous nous demandons parfois si la situation dans laquelle nous sommes peut fonctionner. A-t-elle un avenir ? Nous ne pouvons pas provoquer la réponse, mais nous pouvons nous ouvrir au moment où elle surviendra. Pour cela, une bonne approche consiste à observer ce que nous vivons avec toute notre conscience. Dans le cas d'une relation amoureuse, par exemple, il s'agit de remarquer toutes nos actions et celles de notre conjoint, sans aucun jugement. Si nous constatons alors que notre partenaire transgresse parfois nos limites ou se montre dominateur, nous nous exprimerons – une fois seulement – sur chaque problème, de façon factuelle et sans reproche. Nous serons ensuite attentifs à tout changement sur ces sujets, à tout ce qui se produit autour et en nous. Nous partagerons nos découvertes avec l'autre, sur le mode du dialogue. Nous noterons ses réactions. Nous irons en thérapie de couple et travaillerons à notre rapprochement. Nous verrons si notre conjoint s'implique aussi. Nous nous demanderons si des progrès sont perceptibles. Puis, après toutes ces observations, *un beau matin, nous ouvrirons les yeux et nous saurons* s'il faut rester ou partir. Nous n'agirons pas de façon hâtive, nous prendrons notre temps. Notre choix doit nous sembler naturel, ni contraint, ni même délibéré. Le gong du *timing* a plus de chances de retentir dans un climat d'observation et de partage conscients, que dans un milieu étouffé par les exigences et les reproches.

Voici une liste d'éléments à prendre en compte dans l'évaluation d'une relation, quelle que soit sa nature. Chacun de ces indices est révélateur d'une relation qui mérite nos efforts :

1. Chacun donne et reçoit volontiers les cinq *A* : attention, affection, appréciation, acceptation et autorisation.

2. Nous cherchons, ensemble, des moyens de mieux nous voir et nous écouter. Nous savons tous deux que ce que nous projetons et transférons sur l'autre brouille notre communication. Nous partageons nos sentiments, nos pensées et nos vulnérabilités, avec honnêteté et sans jamais nous sentir menacés. Au lieu de ne voir en l'autre que le reflet de nos pensées, nous le regardons réellement et en conscience.
3. Nous organisons le temps passé ensemble de façon qu'il comble nos cinq aspirations naturelles à l'amour, au sens, au bonheur, à la liberté et à l'évolution. Ainsi (en amour, au travail ou ailleurs), nous œuvrons à aimer et à être aimé ; nous cherchons et chérissons le sens de ce que nous vivons ; nous offrons chacun à l'autre la liberté d'être lui-même, sans honte ni restriction ; nous faisons tout pour évoluer psychologiquement et spirituellement, grâce aux pratiques décrites dans ce livre.
4. Nous respectons chacun le *timing* de l'autre et, pour cela, nous l'écoutons avec notre cœur. Nous ne nous contentons pas de l'entendre, nous lui prêtons une attention active, ouverte et concentrée. Nous nous ouvrons à ce que notre partenaire, collègue ou ami peut dire, ressentir et montrer. Nous lui offrons un environnement rassurant dans lequel il se sent pleinement autorisé à s'exprimer, mais aussi tout simplement à exister.

UN LIVRE D'HEURES

La plupart des traditions religieuses considèrent le *timing* comme un phénomène échappant au contrôle de l'ego, et même à toute compréhension humaine. L'exemple suivant, tiré du christianisme, est un outil de plus dans notre exploration du *timing* et de notre propre temporalité. Au-delà de toute adhésion à une croyance, il s'agit d'une métaphore sur la relation entre le *timing* et la spiritualité.

Dans l'Évangile selon Jean, le *timing* est présenté comme le moment opportun pour vivre un événement ou opérer un changement. Il est désigné sous le nom d'« heure », que nous retrouverons à travers sept passages, sous diverses formes : « mon heure », « son heure », « cette heure-ci » ou encore « l'heure ». À chaque occurrence, je vous inviterai à méditer sur le sens de cette expression, et sur la façon dont elle peut nous aider à sonder le mystère de notre temporalité. Elles peuvent aussi nous aider à prendre de grandes décisions ou à découvrir notre destinée. Nul besoin d'être chrétien pour trouver dans ces extraits une sagesse archétypale et universelle. Enfin, notez comme ces morceaux choisis se répondent et s'enchaînent, comme pour nous accompagner dans notre cheminement.

1. « Femme, que me veux-tu ? répondit Jésus. Mon heure n'est pas encore venue. » (Jean 2,4)

   Jésus et sa mère sont invités à un repas de noces, à Cana, en Galilée (dans le nord de l'actuel Israël). Remarquant que les mariés n'ont plus de vin à servir à leurs convives, Marie, touchée par leur embarras, en parle immédiatement à son fils, convaincue qu'il pourra, d'un miracle, mettre fin à leur détresse. Comme nous le voyons, elle n'a pas attendu que le moment soit idéal pour formuler sa requête ; elle a *fait* du moment présent le moment opportun. Ne serait-ce pas là parfois une option envisageable pour nous et ceux qui nous entourent ?

   Jésus lui répond que le moment est, pour lui, mal choisi : « Mon heure n'est pas encore venue. » Mais Marie ignore son refus et, sans un mot, lui tourne le dos pour ordonner aux servants : « Faites tout ce qu'il vous dira. » Et Jésus changea l'eau en vin.

Nous voyons ici l'archétype du féminin divin exerçant son pouvoir sur le *timing*. Et il en existe d'autres exemples dans la culture païenne. Ainsi, Apulée priant Isis, s'adresse à elle en ces mots : « Ô, sois bénie, déesse. Toi qui réconfortes l'humanité, ta compassion nous fortifie. Tu veilles sur ceux qui souffrent, telle une mère aimante sur ses enfants. Tu réponds à chaque appel, éloignant d'un geste de la main tout ce qui pourrait nous nuire. Tu démêles la toile du destin dans laquelle nous nous laissons prendre et arrêtes pour nous la course des étoiles, si elle devait nous être défavorable. » (*L'Âne d'or*, livre XI)

Dans l'Évangile, Jésus comprend-il, en voyant l'eau qu'on lui apporte, que le moment est en fait venu ? Si « voir, c'est croire », est-ce aussi un signe du *timing* ? Marie connaissait la temporalité de son fils avant lui-même. Parfois, l'entraîneur sait que son athlète est prêt pour la compétition alors même que ce dernier a ses doutes. Au cours de notre vie, il arrive donc qu'une personne se présente avec une demande, un discours ou une énergie qui nous conduisent à une décision que nous ne pensions pas être prêts à prendre. Peut-être l'étions-nous sans le savoir ? Ou peut-être est-ce le *timing* qui réagit aux appels sages et bienveillants. Quoi qu'il en soit, nous découvrons là que nos proches ont un rôle à jouer dans notre temporalité. Nos alliés sonnent parfois pour nous le gong du *timing*.

2. « On cherchait à l'arrêter, mais personne ne mit la main sur lui parce que son heure n'était pas encore venue. » (Jean 7,30)
3. « Il prononça ces paroles alors qu'il enseignait dans le temple, à la salle du Trésor. Et personne ne l'arrêta, parce que son heure n'était pas encore venue. » (Jean 8,20)

Ces deux passages évoquent la puissance *protectrice* du *timing*. Les ennemis du Christ sont incapables de l'appréhender tant que l'« heure » de son arrestation (et donc de sa mort) n'aura pas sonné. Ici, c'est l'archétype du héros qui échappe encore et toujours à ses adversaires. C'est lui, le personnage principal, qui mène la danse : il ne se laissera capturer que lorsque le développement de son histoire l'exigera. Nous le voyons aussi dans les aventures de Robin des Bois, qui ne se fait emprisonner que parce que le moment est venu pour lui. Dans cette légende encore, d'ailleurs, c'est une femme (la belle Marianne) qui l'en délivrera. Elle crée l'heure, le moment de la libération. Et grâce à son action, Robin devient prêt à se lancer dans sa prochaine péripétie.

4. « Maintenant mon âme est bouleversée. Que vais-je dire ? "Père, sauve-moi de cette heure" ? Mais non ! C'est pour cela que je suis parvenu à cette heure-ci ! » (Jean 12, 27)
5. « Avant la fête de la Pâque, sachant que l'heure était venue pour lui de passer de ce monde à son Père, Jésus, ayant aimé les siens qui étaient dans le monde, les aima jusqu'au bout. » (Jean 13, 1)

Le héros rédempteur accepte sa vocation à se sacrifier pour les autres. Il est prêt à assumer les souffrances que cela suppose. Jésus ne demande pas qu'on le sauve de ce destin ; en d'autres termes, il ne cherche pas à annuler son *timing*. Il marche volontiers vers sa destinée. Il fait preuve de ce que Nietzsche nomme « *amor fati* », l'amour du destin, le fait d'accepter son avenir plutôt que de le combattre ou de le fuir. C'est là l'essence même de la confiance en l'univers ou en une puissance supérieure à l'ego.

L'acceptation de la douleur s'oppose naturellement en nous au désir d'y échapper. Dans cet ouvrage, nous nous sommes jusqu'ici demandé comment laisser la douleur derrière nous pour aller de l'avant. Mais il existe une autre voie, hautement spirituelle, consistant à accepter la souffrance pour en libérer les autres, tous les autres. Ce chemin, nous le suivons depuis les blessures de notre passé, qui tracent souvent une route directe vers notre vocation. C'est la souffrance elle-même qui nous y appelle : « Qu'est-ce qui, finalement, fait immanquablement pencher la balance en faveur de l'extraordinaire ? C'est ce que l'on nomme communément une vocation : un facteur irrationnel qui destine l'individu à s'émanciper du troupeau et de ses chemins tout tracés. La personnalité véritable est toujours une vocation [...] à laquelle on ne peut échapper. » (Carl Jung, *The Development of Personality*)

6. Jésus déclara : « L'heure est venue où le Fils de l'homme doit être glorifié. » (Jean 12, 23)
7. Ainsi parla Jésus. Puis il leva les yeux au ciel et dit : « Père, l'heure est venue. Glorifie ton Fils afin que le Fils te glorifie. » (Jean 17, 1)

Dans son parcours, le héros doit traverser les souffrances pour atteindre la gloire – un mot qui, dans la Bible, désigne le statut divin. Dans la douleur, nous découvrons le Graal en notre sein : l'éclat de la transcendance, le dieu en nous. À ce moment-là, nous admettons que nous sommes plus qu'un corps, un esprit et un ego. Nous renfermons aussi une lumière qu'il est temps de laisser briller. Le *timing* divin survient une fois que nous avons honoré les nombreuses « heures », les *timings* qui ponctuent notre vie.

À l'image de Jésus, chacun d'entre nous a vu les chapitres de son existence se succéder. Certains ont été agréables, d'autres détestables, mais tous étaient nécessaires pour que notre histoire soit contée, ou plutôt révélée. Il n'y a pas d'arrogance à reconnaître pleinement notre nature et notre destinée divines et transcendantes. Toutes nos heures n'ont sonné que dans ce but. Souvenons-nous des mots de Jeanne d'Arc à son procès : « Je n'ai pas peur. C'est pour cela que je suis née. »

Il y a un temps pour tout, et une saison pour chaque chose sous les cieux.

— Ecclésiastes 3:1

ÉPILOGUE

Et maintenant ?

AU FIL DE CET OUVRAGE, nous avons exploré trois thèmes : le fait de rester trop longtemps dans ce qui ne fonctionne pas, celui de ne pas rester assez longtemps dans ce qui fonctionne, et le mystère du *timing*, qui sous-tend et motive ces deux phénomènes. Chacun de ces points représente un défi récurrent dans la vie de tout être humain et s'applique à toutes les expériences de l'existence : amour, travail, logement, appartenance à un groupe et autres situations variées.

Je vous propose, pour finir, trois exercices à intégrer à votre pratique spirituelle habituelle : lâcher prise et tourner la page d'une situation qui ne fonctionne pas, garder le cap quand le changement et l'amélioration sont possibles, se préparer en respectant le *timing* de l'univers.

EXERCICE DE RESPIRATION : LÂCHER PRISE ET TOURNER LA PAGE

Inspirez en basculant légèrement la tête en arrière,
et dites ou pensez : « Lâcher… »
Expirez en basculant légèrement la tête en avant,
et dites ou pensez : « … prise. »
Prenez conscience de la courte pause qui s'opère
naturellement à ce moment de la respiration,
et détendez-vous tout simplement dans cet intervalle.

Inspirez de nouveau en basculant légèrement la tête
en arrière, et dites ou pensez : « Tourner… »
Expirez en basculant la tête en avant, et dites ou pensez :
« … la page. »
Recommencez trois fois, ou plus si vous le souhaitez.
En basculant la tête en arrière, vous autorisez quelque
chose à entrer et à circuler en vous. Ce mouvement,
comme l'amorce d'un hochement de tête,
est un « oui » d'acceptation.
En basculant la tête vers l'avant, c'est à vous que vous
donnez la permission de lâcher prise et d'avancer.
Ce geste rappelle aussi celui d'une prosternation
devant le Bouddha – la sagesse de notre éveil –,
ou la puissance de votre choix.
Cet exercice du corps et de l'esprit vous aidera à vous
défaire de ce qui n'est plus, et à accueillir ce qui sera.
Depuis le présent, vous évoluez, avec grâce et volonté,
du passé vers l'avenir.

RESTER QUAND IL Y A DE L'ESPOIR

Trouvez un lieu, au milieu de la nature, où vous pourrez vous asseoir au moins vingt minutes au calme. Méditez sur les cinq piliers de la contemplation – solitude, silence, tranquillité, souplesse et pause – et à la façon dont ils peuvent vous enrichir.

En contemplation, la *solitude* n'est pas synonyme d'isolement. C'est vivre sa présence seul tout en étant connecté à tous les êtres. En effet, nous ne méditons jamais de façon isolée : nous ne faisons qu'un avec toutes les personnes qui vivent ou souffrent partout dans le monde au même moment.

Le *silence*, c'est s'affranchir des mots, des pensées et des concepts. Toutefois, s'asseoir en silence dans la nature ne revient pas à se couper de tout son. Nous devons laisser les bruits de la nature nous traverser et nous entourer, sans les ignorer ni nous y attarder. En ce sens, le silence *est* un lâcher-prise.

La *tranquillité* est différente de l'immobilité. C'est la paix intérieure, un état libre de tout souci ou appréhension. Il s'agit simplement de rester ancré, connecté à la terre, sans bouger, mais en prêtant attention au monde en mouvement autour de nous. Une grande sérénité se fait alors en nous.

La *souplesse*, c'est s'ouvrir à ce qui est afin d'être perméable aux pouvoirs qui s'expriment en nous et tout autour. Au lieu de résister au changement, notre cœur, notre esprit et notre corps se relâchent et se font plus flexibles. Ainsi, nous pouvons laisser la lumière entrer en nous.

La *pause* est une présence pleine et durable dans l'ici et le maintenant, l'expérience des choses telles qu'elles sont, sans essayer de les comprendre ni d'y découvrir quoi que ce soit. C'est savoir que le simple fait de rester à cet endroit nous ouvrira davantage et nous fera voir spontanément ce qui nous attend. Une voix intérieure ou extérieure nous le soufflera. Comme l'a écrit Henry David Thoreau : « Il vous suffit de rester assis suffisamment longtemps en un joli endroit de la forêt pour que tous ses habitants viennent se montrer à vous les uns après les autres. »

SE PRÉPARER À ÊTRE PRÊT

Pour nous mettre au diapason du *timing* de l'univers, nous devons être disposés à écouter et à regarder notre situation présente en face. Dans cet effort de synchronisation, l'exercice de la gratitude peut nous aider.

Refaites-vous le film de votre vie et découpez-le en chapitres, avec chacun des grands événements et personnages principaux. Récapitulez le tout à l'écrit.

Relisez-vous en cherchant un fil conducteur qui relierait tous ces épisodes entre eux, une phrase qui résumerait, en quelque sorte, vos actions. Cela peut être : « chercher quelqu'un qui m'aime », « combler un vide remontant à l'enfance », « chercher un but à ma vie », « atteindre ou éviter quelque chose », « jouer un rôle », « répondre aux attentes des autres », « trouver qui je suis réellement »…

Une fois ce fil conducteur trouvé, pensez à nos trois thèmes : les moments où vous êtes resté trop longtemps, ceux où vous êtes parti trop tôt et ceux où vous avez ou non agi selon ce qui vous semblait être le bon *timing*. Ces trois cas doivent se retrouver dans votre fil principal.

Ne vous jugez pas par rapport à vos actions passées. Ne jugez pas non plus les autres. Ne vous fixez pas sur vos regrets. Cherchez plutôt ce que chaque expérience vous a offert. Il y a toujours du bon à en retirer. Et pour chacun de ces cadeaux, dites merci. Exprimez votre gratitude pour ce que vous a apporté ce temps où vous êtes resté trop ou pas assez longtemps.

Soyez reconnaissant envers le *timing*, votre propre temporalité… ou le fait qu'ils vous aient fait défaut. Voyez comme le fil conducteur de votre vie a guidé chacune de vos expériences et, pour cela aussi, exprimez votre gratitude.

Chaque événement, chaque personnage de votre histoire se sont révélés importants, voire nécessaires à votre évolution pour que vous puissiez aujourd'hui affronter votre situation.

Oui, j'ai confiance dans le fait que je saurai changer
ce qui est prêt à être changé.
Oui, j'ai confiance dans le fait que je resterai fidèle
à ce qui est prêt à s'améliorer.

Oui, j'ai confiance dans le fait que je serai à l'heure
quand l'univers m'y invitera.
Cette heure est *là*, toujours et déjà maintenant.
Et je lui dis « oui » – je suis ce « oui ».

ANNEXE

Passé et présent plus que parfaits

Conte humoristique

Les contes de fées comme *Cendrillon*, *Blanche-Neige* et *La Belle au bois dormant* nous ont transmis l'idée qu'il était profitable d'attendre ou de rester immobile. À leur lecture, nous avons appris à endurer les situations qui ne nous convenaient pas, à patienter jusqu'à ce que l'on vienne à notre secours et, bien sûr, à voir des hommes sauver les femmes. Je vous propose une réécriture de ce genre littéraire.

L'aube pointait à peine, le jour de son quarantième anniversaire, quand la reine Blanche-Neige, les paupières lourdes, remonta du laboratoire de sa belle-mère, situé dans les sous-sols du palais. Elle y avait travaillé toute la nuit avec ardeur sur une potion qui mettrait enfin un terme aux batifolages du roi Charmant.

Peu après leur mariage, ce dernier avait pris l'habitude – peu charmante – de partir pour de longs voyages vers des destinations qu'il ne nommait jamais. Son absence la plus courte avait duré un mois ; la plus longue, six. Il ne passait jamais plus de trois mois consécutifs avec sa femme au château des Charmant-Neige ! Quand la reine l'interrogeait sur ses allées et venues, le roi répondait vaguement : « Je suis allé visiter des régions reculées de mon royaume, rencontrer certains de mes vassaux, vendre des terres… », ou, plus étrangement, la veille : « J'ai gravi, aux confins du pays, une immense tige de haricot pour te trouver un cadeau unique ! »

Unique, ce jour le serait certainement, pensa Blanche-Neige alors qu'elle montait l'interminable escalier de pierre menant à ses appartements. Car ce soir-là, au banquet, la coupe de vin que le roi lèverait en son honneur contiendrait quelques gouttes de potion. Ce mélange, concocté avec soin à base de langues de pie, de sang de rat, de poils de renard et de fientes de chauves-souris, le plongerait dans une transe : rendu bavard comme une pie, il confesserait alors son vil comportement, sans pouvoir recourir à la ruse pour échapper au sonar de sa femme et éluder ses questions sur ses escapades clandestines. Après quoi, il deviendrait le plus dévoué des maris et ne penserait plus jamais à découcher.

Durant toutes ces années, Blanche-Neige avait refusé de s'avouer les infidélités de son mari, car naïvement, elle voyait la bonté en chaque être humain. Après tout, ne s'était-elle pas toujours fiée à sa cruelle belle-mère, quels que soient ses déguisements, allant jusqu'à accepter la pomme fatale qu'elle lui avait offerte ? N'avait-elle pas toujours eu confiance en son époux, malgré l'intuition profonde qui lui soufflait de se méfier ? En réalité, tant que son déni était aussi fort que son inaction, elle se trouvait dans une impasse.

L'isolement de Blanche-Neige et son sentiment d'abandon s'étaient faits de plus en plus pesants au fil des ans. Autrefois, les sept nains avaient été pour elle un soutien. Aujourd'hui, il ne restait plus que Grincheux à ses côtés. Or, notre héroïne savait depuis longtemps déjà qu'il était loin d'être le confident idéal. Systématiquement, il la sermonnait, la réprimandait ou la faisait culpabiliser de douter d'un si charmant époux, qui l'avait, de surcroît, ramenée à la vie en lui offrant un dénouement de conte de fées. Pourtant, Blanche-Neige chérissait son ami bougon.

Les premières années, chaque fois que le roi baladeur rentrait au château, la reine fouillait ses sacoches, ses malles et ses besaces, à la recherche d'indices sur ses errements, tout en espérant se convaincre de sa fidélité. Elle voulait à la fois savoir et ne pas savoir. Quoi qu'il en soit, et malgré tout son acharnement, elle ne trouva jamais de preuve irréfutable ni de signe révélateur d'une liaison.

Une fois seulement, elle découvrit dans ses bagages quelque chose d'inhabituel : alors qu'elle dépliait la chemise de nuit de son mari, il en tomba un petit pois. « Son linge n'est pas aussi bien lavé durant ses déplacements qu'il l'est au château », soupira-t-elle, avant d'oublier ce détail.

À ce même moment, le roi Charmant, n'imaginant pas un instant que le doute puisse effleurer l'esprit crédule de sa femme, quittait la couche de l'une de ses dames de compagnie. Il avait trouvé cette dernière plutôt quelconque, et oublierait sans doute rapidement son nom (si tant est qu'il l'ait jamais connu), mais était fier de lui, car il avait réalisé son souhait de coucher avec chacune des huit dames de compagnie de son épouse sans qu'elle le sache. Toute sa vie durant, sa beauté, ses belles paroles et son charisme lui avaient assuré une place de choix dans le cœur des femmes. Ses conquêtes – bien que le mot soit trop fort au vu du peu d'efforts qu'il avait à déployer pour les séduire – étaient nombreuses et variées. Ne pouvant se satisfaire d'une seule histoire, il cherchait toujours à en vivre plusieurs ; faisant un saut dans un conte puis un autre, il était le prince Charmant de tout rêve virginal.

Durant leur lune de miel, Blanche-Neige s'était plainte à lui, se demandant pourquoi il n'était pas venu la réveiller plus tôt. Contrées à explorer, vassaux à contrôler, terres à vendre…

que ne raconta-t-il pas pour ne rien révéler des mois d'extase passés dans les bras de Raiponce ! Charmant se rassurait ainsi : *Pourquoi faire de la peine à cette innocente Blanche-Neige ? Pourquoi renoncer au vin, aux femmes et aux mensonges ? De toute façon, ne retournait-il pas chaque fois dans les bras de cette épouse qui l'avait attendu et l'attendrait toujours ?* Il pouffa en pensant à la petite farce qu'il lui faisait chaque année : invariablement, il lui offrait pour son anniversaire un souvenir rapporté de sa dernière idylle ! Il faisait cela pour deux raisons. Premièrement, il trahissait ainsi toutes ses amantes en dérobant un objet cher à leur cœur pour le donner à sa femme légitime. Deuxièmement, cela lui permettait de soulager sa conscience en admettant indirectement auprès de Blanche-Neige qu'il était le prince charmant de tous les contes de fées… et pas uniquement du sien. C'était sa façon d'avouer son infidélité. Et le silence qu'elle lui renvoyait, bien que perplexe, était pour lui une forme d'approbation tacite. À midi ce jour-là, il déposerait donc devant sa porte son dernier cadeau en date.

Quand la reine arriva enfin devant sa chambre, toutes ses dames de compagnie (à l'exception d'une) s'affairèrent autour d'elle, déplorant ses cernes ainsi que ses cheveux fatigués et ébouriffés. Elles lui rappelèrent qu'elle devait être la plus belle de toutes pour le cortège qui la mènerait du château à la cathédrale Notre-Dame-des-Neiges où, d'ici une heure, l'archevêque célébrerait une grand-messe en l'honneur de son anniversaire. Blanche-Neige imagina l'opulente cérémonie qui l'attendait, l'assemblée de prélats zélés et son mari agenouillé à ses côtés. Frappant deux coups secs dans ses mains, la reine mit ses dames de compagnie dehors et leur claqua la porte au nez : « Dites à tout le monde que je n'irai pas à la messe, et que je ne dois en aucun cas être dérangée avant le banquet de ce soir ! »

Elle soupira de fatigue et de soulagement. Son regard se posa sur le cabinet de cèdre et de verre que les nains lui avaient fabriqué pour son mariage. Elle y gardait une partie des cadeaux offerts par le roi Charmant. Certains, d'ailleurs, l'avaient toujours intriguée : un fin matelas, une paire de souliers de verre (portés une fois seulement), un oreiller de soie sur lequel une jeune femme avait très longtemps dormi, un panier en osier transformé en or, une balle dorée qui sentait étrangement le crapaud… Elle savait que le roi lui présenterait bientôt son cadeau de l'année. Trop épuisée pour réfléchir à ce que cela pourrait être, elle se laissa tomber sur son lit, où le prince lui faisait rarement profiter de ses charmes. Le cœur triste – et compatissant – pour leur sort à tous les deux, elle sombra dans un songe. Dans ce rêve, elle se vit réciter un poème écrit par sa mère avant sa naissance. Blanche-Neige l'avait trouvé dans un coffre ancien, et appris par cœur des années auparavant :

Je sais et j'ignore,
Je me fie et me méfie.
J'ensevelis mes doutes
Car sans savoir, pas de départ.
Aveuglée, paralysée,
Sous la neige, mes sanglots étouffés
Jamais n'éclatent en tempête.
Je devine sous la surface
Des faits que je n'ose exhumer.
Ce pacte en moi est scellé :
La vérité, toujours biaisée.
Aveuglée, paralysée,
Sous la neige, mes sanglots étouffés
Jamais n'éclatent en tempête.

Oiseau migrateur, tu connais le chemin
Du sanctuaire ensoleillé de l'été,

Viens à moi, un jour de pluie
Et fais de ton vol le mien !
Alors perceront sous la neige
Lumière et merveilles !

Sur sa couverture de satin, Blanche-Neige plongea dans un sommeil profond. Elle rêva qu'elle s'observait dans un vieux miroir. Or, le reflet qu'elle y découvrait n'était pas le sien, mais celui de sa belle-mère ! En y regardant de plus près, elle s'étonna de voir couler, sur le cruel visage de la vieille reine, de lourdes larmes. Et de ses yeux embués, cette dernière fixait elle aussi, non sans une certaine douceur, sa belle-fille : « N'aie crainte, mon enfant. Je sais ce que tu ressens, je connais ta douleur. J'ai moi aussi été seule dans ce palais tandis que ton père voyageait. Moi non plus, je n'ai jamais voulu connaître ses secrets. Je voulais qu'il n'ait d'yeux que pour moi, et cette idée a fini par m'obséder. Je ne pouvais tolérer aucune rivale sous mon toit, alors j'ai tenté de te tuer, toi qu'il aimait plus que tout. Je voulais être sa seule et unique raison de rentrer à la maison. Ma jalousie envers toi m'évitait d'avoir à admettre qu'en réalité, je ne lui aurais jamais suffi. Il était assez viril pour séduire des centaines de femmes, mais pas assez pour vivre avec une seule ! Ce château est celui de celles qui, refusant de s'avouer la vérité sur leur mariage, deviennent froides et amères, et tu en es désormais la reine ! » Les traits de sa belle-mère s'effacèrent alors dans un dernier murmure : « Ce miroir magique renferme une dernière réponse. Pose-lui ta question, ma fille, et souviens-toi de moi, de mon chagrin et de mes excuses. »

Blanche-Neige était abasourdie ; elle ne voyait plus qu'un visage prématurément ridé dans le miroir : le sien. Des tréfonds de son âme, une question s'ourdit : « Vers qui se tourner ? » Le miroir devint tout blanc, puis s'illumina d'un éclat surnaturel avant de lui répondre par une image : Blanche-Neige, telle qu'elle était avant même de connaître le nom de Charmant, quand son rire mélodieux emplissait encore ce palais de joie, et faisait le bonheur de sa mère, qui avait souhaité une fille au teint de neige, aux lèvres de rose et aux cheveux d'ébène.

Elle contemplait son être et tout ce qu'elle avait perdu. Soudain, la froideur en elle se transforma en un torrent de larmes : un chagrin nécessaire et libérateur. Ces larmes coulaient encore sur son visage quand elle se réveilla et s'autorisa enfin à s'avouer la vérité : « Il ne m'offrira jamais ce que je veux ni ce dont j'ai besoin, et je ne serai jamais capable de l'obtenir par moi-même tant que j'attendrai que cela vienne de lui. Autrefois, il m'a redonné vie ; aujourd'hui, je suis la seule à pouvoir le faire. »

Sous les lustres étincelants, ce soir-là au château, toute la noblesse était rassemblée pour célébrer l'anniversaire de Sa Majesté Blanche-Neige, qui serait à jamais la douce princesse de leur cœur. Un célèbre poète anglais avait été invité pour divertir les convives de ses rimes et vers enchanteurs. Hélas, tout le monde cherchait en vain la reine de la soirée : Blanche-Neige était introuvable. Quand un valet inquiet vint chuchoter à l'oreille du roi que le cheval de son épouse avait disparu, Charmant se leva d'un bond. Alors qu'il laissait derrière lui les tables chargées de victuailles et illuminées de chandelles, il entendit le poète réciter ces mots : « Alors, il nous prend l'envie de partir en pèlerinage… »

Arrivé, fébrile, dans la chambre de sa femme, Charmant n'y trouva rien d'autre qu'un petit flacon de potion brisé, posé sur la cheminée, et l'emballage de son cadeau sur la table de nuit. Il s'assit sur le lit, sidéré de surprise et chagrin. Aucune femme ne l'avait jamais quitté, bien sûr, et il ne pouvait pas croire que sa propre épouse l'ait fait, surtout sans aucun sou en poche.

Jusqu'où pourrait-elle aller ? Charmant souleva le couvercle de la boîte qui avait contenu son cadeau, et découvrit qu'elle était vide. Blanche-Neige avait donc emporté ce qui lui permettrait de vivre une belle vie loin de lui : une douzaine d'œufs en or pondus par l'oie de son jeune ami Jacques, au haricot magique !

À propos de l'auteur

David Richo est psychothérapeute, écrivain et animateur d'atelier. Il a enseigné dans de nombreux lieux, dont l'institut Esalen et le Spirit Rock Buddhist Center, aux États-Unis. Il vit en Californie, partageant son temps entre Santa Barbara et San Francisco. Son travail allie psychologie et spiritualité.

Pour en savoir plus sur ses ouvrages, conférences et autres événements, consultez son site : www.davericho.com.

DAVID RICHO A ÉGALEMENT ÉCRIT

Être adulte : les clés (Éditions Payot, 2013)
Être adulte en amour (Éditions Payot, 2013)
Cinq choses qu'on ne peut pas changer dans la vie – Et le secret pour être enfin heureux (Éditions Payot, 2012)
Le Pouvoir des coïncidences (Éditions Payot, 2012)

pcacmb
édition pré-presse
livres numériques

44400 Rezé

Achevé d'imprimer en juin 2023
sur les presses de la Nouvelle Imprimerie Laballery
58500 Clamecy
Dépôt légal : juin 2023
Numéro d'impression : 305594

Imprimé en France

La Nouvelle Imprimerie Laballery est titulaire de la marque Imprim'Vert®